图书在版编目（CIP）数据

名园旧影 : 颐和园老照片集萃 / 北京市颐和园管理
处编著. -- 北京 : 文物出版社, 2019.11
ISBN 978-7-5010-6336-9

Ⅰ.①名… Ⅱ.①北… Ⅲ.①颐和园—图集 Ⅳ.
①K928.73-64

中国版本图书馆CIP数据核字(2019)第246146号

名园旧影： 颐 和 园 老 照 片 集 萃

编　　著：北京市颐和园管理处

责任编辑：冯冬梅
责任印制：苏　林
装帧设计：刘　远
文物摄影：宋　朝　张　冰

出版发行：文物出版社
社　　址：北京市东直门内北小街2号楼
邮　　编：100007
网　　址：http://www.wenwu.com
邮　　箱：web@wenwu.com
经　　销：新华书店
印　　刷：北京荣宝艺品印刷有限公司
开　　本：889mm×1194mm　1/12
印　　张：23.5　拉页：1
版　　次：2019年11月第1版
印　　次：2019年11月第1次印刷
书　　号：ISBN 978-7-5010-6336-9
定　　价：460.00元

《名园旧影——颐和园老照片集萃》编辑委员会

主　　任：杨　华　马文香

委　　员：杨　静　王　馨　秦　雷　周子牛　吕高强

主　　编：秦　雷

执行主编：赵晓燕

编　　辑：曹　慧

参编人员：孙　震　张鹏飞

照片顾问：刘　阳　韩立恒　周尚云　卢　侃　隗丽佳

名园旧影

目录

前 言

——老照片与颐和园研究

秦 雷

20 世纪 20 年代，王国维先生在《最近二三十年中国新发见之学问》一文中说："古来新学问起，大都由于新发现"，指出近二三十年学术的新发展是建立在殷墟甲骨文、敦煌文书、汉晋木简以及元明清大库档案等新史料的发现基础上的；陈寅恪先生在《敦煌劫余录序》中说："一时代之学术，必有其新材料与新问题。取用此材料，以研求问题，则为此时代学术之潮流。治学之士，得预于此潮流，谓之预流（借用佛教初果之名），其未得预者，谓之未入流。此古今学术史之通义……"，指出任何一个时代的学术发展，预其潮流者必是能利用新材料提出新问题者，否则为未入流。可见，新材料的发现和利用，是推动一个时期学术研究进步的前提和基础。揆诸近年来的颐和园研究，如果说近世老照片作为一种新史料，其发现和利用为相关研究注入了新的巨大活力和开辟了新的广阔空间，殆不为过！

一、颐和园老照片研究的兴起和局限

照片作为一种近代科技发明和社会记录方式，其诞生只有 180 年的历史，与颐和园发生关联最多也只有 160 年的历史；作为一种记录、认识和研究包括颐和园在内的三山五园的新史料新证据，其受到学界重视和利用，更不过是近十几年内的事情，之前主要还只是被少数收藏者关注：2003 年，陈宇编著的《颐和园旧影》由北京燕山出版社出版，

共收录晚清至民国时期的颐和园老照片 160 余张，是第一部颐和园老照片专集；2007 年，刘阳编著的《三山五园旧影》一书由北京学苑出版社出版，共收录晚清至民国时期的三山五园（圆明园、畅春园、香山静宜园、玉泉山静明园、万寿山清漪园和后来的颐和园）老照片 300 余张，其中有清漪园和颐和园的老照片近百张。这两部图集都是两位作者长期潜心收藏三山五园老照片的成果，一经公开出版，立刻彰显出老照片这种材料在客观性、直观性、观赏性、丰富性、精确性等方面的其他传统史料不可比拟的特点，可谓是雅俗共赏。这些作品，普及了颐和园老照片相关知识，迅速提高了社会各界对颐和园老照片的认知和兴趣，并将三山五园和颐和园老照片的收藏、研究和利用推向了一个新的水平。近年来更是越来越多的历史和园林学者开始将老照片作为颐和园相关研究不可或缺的史料之一，国内国际市场三山五园老照片拍卖的价格不断飙升。

对于颐和园的建筑、山水、花木、陈设、人事等的研究而言，老照片这种纪实图像比起其他的诸如文字史料类明显具有天然的优势。文字材料描述再详细，也不如一张照片细致入微，一目了然，即使与中国古代皇家建筑设计中使用的著名的样式图和烫样相比，老照片也有着明显的优长，是一种纯客观的历史记录。所以，与传统的文字、绘图类史料相比，可以毫不夸张地说，老照片即历史现场。它犹如一条时光隧道，能够把观看者直接拉回到照片所反映的历史场景中。

虽然颐和园老照片越来越受到学术界、园林管理者以及社会大众的关注，新的颐和园老照片的不断涌现也在持续丰富着人们的历史认知。但作为一种颐和园学术研究的新材料，目前人们对颐和园老照片的认识和利用大多还限于判断照片来源和作者、时代分析、看图说话式的古今对比等方面，由于观察视角和排列方式的关系，对颐和园这座历史悠久、区域广大、要素丰富的皇家园林的系统性、整体性和精细性的考察还有很大的不足，还存在着单体化、碎片化的倾向。

二、老照片与颐和园古建筑研究

古建筑，是颐和园中最核心的园林要素。理清古建筑的沿革和流变是颐和园研究的重要内容，也是进行古建筑保护修缮和价值挖掘传播的基础。颐和园现存古建筑3000多间，近7万平方米，大部分是光绪颐和园时期所建或重建，少部分为清漪园时期遗留。哪些是光绪时期重建？哪些是英法联军火烧三山五园后的清漪园遗存？清代建筑与今天相比有哪些变化？虽然清宫工程档案和样式雷图档给研究者提供了较为丰富翔实的资料，但是老照片在此领域仍然发挥着不可替代的作用。

1. 关于1860年幸存建筑的数量

在颐和园的讲解词、志书乃至一些权威著述中，对有哪些建筑在1860年英法联军的劫火中幸存下来，一直是笼统言之、语焉不详的，清华大学建筑学院在著名的研究专著《颐和园》一书中，通过对同治三年（1864年）的《清漪园山前山后南湖功德寺等处陈设清册》《清漪园山前山

后南湖功德寺等处破坏不全陈设清册》两份档案判断，除了一些砖石、琉璃构造的桥梁、城关、牌楼、塔之外，册中载有建筑名称的应该就是幸免于难的清漪园建筑，它们是：

前山：勤政殿、文昌阁、宜芸馆、玉澜堂、乐寿堂、养云轩、无尽意轩、餐秀亭、重翠亭、大雄宝殿、智慧海、转轮藏、宝云阁、三色湖光共一楼、云松巢、邵窝、石丈亭、浮青榭、寄澜堂、蕴古室、小有天、斜门殿、穿堂殿、延清赏。

后山：绘芳堂、静佳斋、金栗山、袖岚书屋、清可轩、蕴真赏惬、翠籁亭、三摩普印、清音山馆、香海真源、知春堂。

昆明湖：广润祠、畅观堂、怀新书屋、睇佳榭、景明楼、春风啜茗台、澄鲜堂、络丝房、织机房。

应该说，依据可靠的清宫档案资料得出的这份44座（处）建筑是目前清漪园幸存建筑研究最为权威的清单，但是，通过审视颐和园重建之前的老照片，我们显然还可以发现其他一些清单之外20余座（处）幸存建筑，至少包括廓如亭、治镜阁、邀月门、鱼藻轩、湖山真意、画中游、荇桥及牌楼、迎旭楼、水周堂、临河殿、宿云檐、清可轩的留云殿和钟亭、云会寺、善现寺、东桃花沟龙王庙、紫气东来城关、东宫门外北朝房、涵虚牌楼等。

那么为什么这两份宫廷档案并没有涵盖这么多未焚毁建筑呢？笔者认为这是因为两份档案主要是为清点陈设而造，并非为清点建筑而造，那些已经没有陈设的建筑未纳入册中是非常正常的。而且这些肯定还不是遗存建筑的全部，以上仅是从手头老照片的角度进行寻找，结合对其他史料的深入研究以及随着更多老照片的发现，一定还会发现有建筑幸免于难。老照片对颐和园的建筑史研究的价值自不待言。

2. 关于建筑和彩画形制的变化

古建筑和建筑彩画的形制是颐和园研究和保护的一个重要方面。通过比照老照片，我们可以发现，一百多年来，除了如大报恩延寿寺改排云殿、文昌阁三层改二层、昙花阁改景福阁等耳熟能详的变化外，颐和园的建筑和彩画的风格和形制还有一些有趣而明显的变化。这些变化也是我们今后开展文物古建筑研究和修缮工程方案制定的重要依据。比如，东宫门前的大牌楼，在清漪园时是更显端庄稳重的四柱三楼形式，在光绪重修后改为了更为华丽的四柱七楼形式，并且"涵虚""罨秀"的乾隆御题石坊心竟然装反了；比如廊如亭，对比清漪园和颐和园两个时期可以感到，清漪园时期的更低矮和素朴一些，而颐和园时期的攒尖更高、挑檐弧度更大、装饰更华丽一些。

在建筑彩画上，由于这种建筑装饰材料的不耐久性和常更新性，通过老照片，清代、民国的彩画和现在对比变化是比较大的。典型的如最负盛名的长廊彩画，其梁枋上的以"流云"纹饰为主，少数可辨的廊心人物画也基本是以神仙故事类为主；水木自亲殿前面的探海灯杆，两根杆柱也是绘有"流云"纹彩画。这些照片直观展现了清代颐和园彩画的样式，对于古建筑研究和修缮具有不可替代的价值。

三、老照片与颐和园植物景观研究

植物，是园林中不可或缺和具有生命力的要素，在颐和园景观构成中具有重要作用。颐和园中的植物百余年来变化很大，老照片正好可以为颐和园的植物种植史提供非常直观的资料。但是相对于历史、建筑、文物等领域，颐

和园园林植物景观研究方面目前还比较薄弱，无论是传统史料还是老照片资料的利用都很不足，这里仅仅从老照片角度简略概述一下颐和园万寿山、昆明湖堤岸及仁寿殿等部分重要庭院的植物栽植历史。

1. 万寿山

从颐和园早期（颐和园重建之前）的老照片看，万寿山上的植物主要以低矮灌木为主，松柏类乔木非常稀少细弱，甚至很多区域土石裸露，特别是大片的山脊线两侧，令人想起明朝末年瓮山时代"童童无草木"的记载；但是前山长廊一线、后山中部的建筑群一带，松柏高大稠密，蓊蓊郁郁。清末和民国时期，万寿山乔木悄滋暗长，已有山林之气象，但又并非密密匝匝，遮阴蔽日。山上的建筑大都能不受树木遮挡，无遮无拦，清晰可见，植被与山上建筑景观相得益彰。比如站在东宫门广场之外观望，不仅有高大雄伟的佛香阁、智慧海、大戏楼扑入眼帘，排云殿、佛香阁中轴线建筑群的红墙如带，万寿山西部的湖山真意、画中游，万寿山东部的千峰彩翠城关、景福阁，以及紫气东来城关亦可历历在目，给人以强烈的视觉震撼；在园内各处仰望万寿山，以及从万寿山上俯视四方，皆有建筑历历，湖山入画的景象。民国之后，特别是20世纪80年代以来，万寿山植物高大稠密，但不少传统借景视线受到了阻断。

2. 堤岸

从老照片看，整个清代时期，东堤北段坦坦荡荡，大道宽阔，几乎从园中各处皆可望见东堤上的虎皮石园墙蜿蜒如带，毫无遮拦，只在绣漪桥北和廊如亭附近有数株老柳，为清漪园时遗存。民国后期，东堤昆明湖铜牛以北的岸边

开始种植柳树，沿大墙内一线开始种植毛白杨，幼树十分细弱。如今毛白杨已然粗可环抱，而湖岸柳树由于植根坚固堤岸，仍然长势不佳，时有更新。据乾隆多首御制诗描述，清漪园时期昆明湖堤岸便有绿柳红桃的景色，民国后期，东西堤柳树间补植山桃，很大程度上恢复了效仿杭州西湖堤岸的景观。

3. 庭院

清末时期，慈禧在仁寿殿庭院中引种了海棠、玉兰，民国后期，这里又种植了几棵龙爪槐；同时种植龙爪槐的还有宜芸馆后的垂花门北侧；长廊南侧靠近环湖栏板的一线增种了榆叶梅。

新中国成立后的数十年中，颐和园的植物几乎以每年新植数千株的规模发展。研究老照片中植物的变迁，可为今后园内植物调整提供有力借鉴。

四、颐和园的老照片收藏与研究状况

颐和园是较早展示、收藏和研究利用颐和园老照片的文博机构。2003 年，颐和园管理处在园内的水木自亲建筑内举办了《名园沧桑——颐和园老照片展》的首个老照片专题展，展出颐和园老照片近百张，受到游客的高度关注。2008 年，又在园内的清华轩开办了一个更大规模的颐和园老照片展，展出颐和园老照片 120 余张；2007 年，颐和园管理处开始每年设置专项资金征集颐和园题材的老照片，如今颐和园收藏的颐和园题材老照片已达近千张；与老照片的积累和研究同时，颐和园在园林历史研究、编制保护规划、古建修缮、文物展览、绿化管理等方面也越来越将老照片作为开展专业工作的重要历史文献依据。

在充分借鉴以往收藏和研究成果的基础上，为了进一步推进颐和园老照片研究的专业性和应用性，颐和园管理处编辑了这部新的颐和园老照片集，以 340 余张老照片的规模，分设为百年沧桑、建筑风物、陈设器用、花木扶疏、人物春秋五章，每章下又设有各节，条分缕析，分类编年，这一编撰体例反映了鲜明的园林专业学科特色，通过这样类别化、系统性的角度串联排比老照片，许多过去单体分置不易看出的历史信息在时间的河流中更加清晰地浮现出来了。

当然，颐和园老照片的收藏和研究仍然还是一个小荷才露、方兴未艾的年轻领域，随着更多老照片的发现和更多深入系统的研究，相信必然会在颐和园园林文化遗产的研究、保护和利用中发挥越来越大的作用。

清末民国时期颐和园老照片述略

曹 慧

一、摄影术在中国的传播概况

摄影术与世界上的其他事物一样，它的发明和发展，是在继承和发扬了各民族、各国家历史上科学成就的基础上产生的。1839 年 8 月，法国政府公布了路易·达盖尔的银版摄影法，这一年也被多数人公认为摄影术诞生的年代。19 世纪 40 年代，当时的摄影术还处于摇篮时代，各国科学家仍在为改进技术而尽心竭力地探索，同一时期西方资本主义迅猛崛起，不断谋求扩张，伴随着列强侵略的步伐，摄影术传播到世界各地。

摄影术在中国的传播路径和范围与近代中国的发展进程息息相关，遗憾的是，它并不是以温和而平缓的方式进行扩散，它的每一次大规模传播都是以战争为载体。概括来说，第一次鸦片战争期间，西方的坚船利炮带来了先进的现代科学技术，摄影术传入中国东南沿海地区。第二次鸦片战争期间，西方势力直捣清朝都城，摄影术扩散到广大的北方和内陆地区。而八国联军侵华战争后，保守落后的封建思想受到严重冲击，摄影术正式进入宫廷，并在全中国蓬勃发展起来。

二、清漪园老照片

（一）1860 年影像

为进一步打开中国市场，扩大在华侵略利益，英法两国在俄美的支持下发动了第二次鸦片战争。1860 年 10 月，联军占领北京，为报复清政府扣押谈判代表和联军战俘，给清政府以教训，于 10 月 18—20 日纵火焚烧三山五园。在动荡混乱的形势下，英军随军摄影师费利斯·比托拍摄了清漪园被焚前后的景象，留下了这座皇家园林的第一次摄影记录。目前已发现的照片有 5 张，尽管数量不多，仍具有十分珍贵的史料价值，尤其是被毁前的文昌阁和昙花阁，为相关研究提供了直观、形象的参考资料。

比托未能拍摄更多照片的原因主要有两方面，一是受限于摄影技术。当时的摄影师普遍采用火棉胶玻璃湿版法，要求在照片拍摄后立即冲洗，需要随身携带大量设备和化学药品，移动不便，而且对光线和环境的要求也很高。二是时间仓促。法军 10 月 5 日就已占据圆明园等处，并开始大肆劫掠，英军的到达滞后两天，比托什么时间到达尚未可知。此外，清政府于 10 月 13 日打开安定门后，比托一直忙于拍摄北京的城墙和北京城，对西郊园林的拍摄只能交叉进行。

比托留下了 102 张带编号的中国照片，其中有关北京的有 32 张，这是第一批大规模在中国大陆地区拍摄的影像资料，被看作摄影业开始着力在中国立足的标志。作为有明确记载的最早一批在中国北方进行拍摄的外国摄影师，比托留下的影像资料为我们研究第二次鸦片战争时期的历史提供了史实依据，他的摄影活动也为摄影术在中国北方的传播起到了积极作用。

（二）清漪园劫后照片

第二次鸦片战争以清政府惨败，签订一系列不平等条约告终，根据条约规定及最惠国待遇，各国公使得以进驻北京，并且允许外国人往内地游历、经商、传教，大批西方人涌入中国。北京城内常驻的外国人包括各国使馆的外交官员和各类工作人员、大清海关中的外国官员及雇员、传教士等，他们在闲暇时各有所好，摄影便是其中之一。此外，每年还有一些职业摄影师专门到北京游历摄影。战后的40年间，西方列强刚结束一轮瓜分，社会局势相对稳定，北京地区的摄影活动逐渐活跃起来，以外国人为主的摄影师留下了大量内容丰富、题材多样的影像资料。

清漪园重修前管理相对松散，外国人士进入比较容易，在19世纪60—80年代出现了一个短暂的摄影高峰。这一时期老照片的特点，一是照片主题围绕着园内各处遗址和残存建筑的变化情况；二是摄影师的数量大为增加，身份各异且出现了中国摄影师；三是照片反映的内容更加丰富，拍摄的范围更为广泛，基本覆盖全园。在拍摄清漪园的摄影师中有四位需要着重提出，他们无一不具备丰富的摄影经验和成熟的摄影技术，并对推动清漪园老照片的传播，增强世人对清漪园的了解起到积极作用。

教会医生约翰·德贞，他于1864年来到北京，在此生活了32年直至1901年去世。在京期间，德贞身兼数职，由于精湛的医术，他与各国驻华机构、清政府的关系都十分密切，进出西郊园林非常便利。德贞是较早拍摄清漪园遗址的摄影师，第一张大报恩延寿寺遗址的全景就出自其手，他也是为数不多拍摄过治镜阁遗址的摄影师。此外，德贞为摄影术在中国的传播也做出了不容忽视的贡献，他于1873年出版了中文摄影专著《脱影奇观》，详细介绍了摄影的原理和实践，汉语中很多有关摄影的专业术语如照相、摄影、胶片、感光等都是他翻译创造的。

卓越的职业摄影师约翰·汤姆森，他早年受过专业的摄影训练，进行过艺术学习熏陶，是第一个最广泛拍摄并传播中国的西方摄影家。汤姆森在北京的摄影活动得到了英国驻北京公使馆的大力支持，1871年10月，他在德贞的陪同下游览拍摄了清漪园。约翰森对照片的细节要求很高，取景构图都十分讲究，他拍摄的铜亭、智慧海等照片的艺术水准远超过其他摄影师，具有极高的欣赏和收藏价值。此外，汤姆森还用文字详细记录了他拍摄的感想，描述了英法联军作为侵略者对清漪园造成的破坏，表达了惋惜之情。

海关燃气工程师托马斯·查尔德，他在北京生活近20年，拍摄了200多张照片，拍摄时间大多集中在1870—1880年，拍摄地点均在北京及周边地区，大部分题材是北京的名胜古迹和城市建筑，兼顾百姓生活，具有重要的史料价值。查尔德曾多次进入清漪园拍摄，留存24张照片，时间包含不同季节，地点涵盖宫门、万寿山前山后山、昆明湖、东堤等重要区域，数量多，质量高，是同时期摄影师中的佼佼者。

中国摄影师赖阿芳，他是19世纪中国最成功的商业摄影师，他的摄影技术得到了西方同行的认可和赞誉。阿芳祖籍广东，主要活动区域在东南沿海地区，1879年他进京为外国公使拍摄了系列合影，在京期间拍摄了清漪园照片，他是第一个拍摄清漪园的中国职业摄影师。与同时期其他摄影师拍摄的照片相比，阿芳入园拍摄的时间较晚，他拍摄的铜亭、十七孔桥等照片填补了荒园晚期状况的空缺。

1886年，清政府开始秘密整修清漪园，加强了园林的守卫，摄影师很难进入拍摄，目前发现的照片只有零星几张，其中一张展现了重修过程中万寿山前山的远景照片，极为珍贵。照片中排云殿、德晖殿等处已基本完工，而佛香阁尚未复建，云辉玉宇牌楼也未立起，结合相关档案推测出拍摄时间下限为光绪十七年（1891年），遗憾的是照片的清晰度较低，无法分辨出更多细节。颐和园重修后成为帝后驻跸理政之地，宫禁森严，外人不得进入，摄影就更不可能，这种停滞局面直到1900年才被打破。

三、颐和园老照片

（一）清末颐和园老照片

1900—1912年，伴随着政治、经济、社会的急遽变迁，摄影的记录和媒介功能得到了前所未有的发展，成为中国摄影史上的重要节点。根源于特殊的历史背景，这一时期颐和园老照片有两个特点：一是照片题材和内容更多地侧重记录人物形象以及他们的生活状态，呈现一座活的园林。二是摄影技术突飞猛进，摄影设备日趋小巧，易于携带；立体照片、彩色照片等新兴技术和照片形式得到应用。

受纪实性影像流行趋势的影响，部分摄影师开始了拍摄时事照片的初步尝试，庚子事变前后，北京专题摄影集应运而生，以颐和园为代表的皇家园林是其中的重要组成部分。八国联军曾在园内占据一年之久，日本摄影师小川一真的《清国北京皇城写真帖》、山本赞七郎的《北京名胜》以及德国驻华公使穆莫的《摄影日记》等影集记录了联军在园内的生活状态和园林景观。此外，美国摄影师詹姆斯·利卡尔顿使用立体相机进行拍摄，照片收录在美国安德伍德

公司1902年出版的《立体照片中的中国》影集中，与普通照片相比，立体照片的画面更为清晰生动，视野也更加广阔。这些照片还附有文字说明，不仅让我们看到联军对颐和园的侵占场景，也为联军的侵略行径留下了无可辩驳的史证。

这一时期，摄影术正式进入宫廷。1903年，清廷驻外公使裕庚的次子勋龄进宫，两年的时间里，他为慈禧太后和皇室眷属拍摄了大量照片，仅慈禧一人就拍摄了30余种装束、神态各异的照片百余张，并冲洗多达700余张。这些照片除悬挂在慈禧寝宫等处外，慈禧还会从其中挑选称心之作放大成巨幅相片，送给王公大臣供奉或赠送外国首脑。在私人留存之外，慈禧送给美国总统的相片曾被放在世界博览会上供世人瞻仰；更有北京的欧·路德维希公司、上海的日本出版商高野文次郎等将慈禧照片制作成明信片或用珂罗版印刷公开发售，这些照片流入民间，流传甚广。此外，法国摄影师菲尔曼·拉里贝拍摄于1900—1910年的系列影像集中收录了23张颐和园侍从仆役的工作、生活场景照片，展现了宫廷底层人员的精神面貌。

20世纪初，法国银行家阿尔伯特·卡恩以个人名义发起了一场名为"地球档案"的全球摄影活动，初衷在于记录人类活动的多元性和丰富性。1912年，受卡恩资助的法国摄影师斯提芬·帕瑟到中国游历，拍摄了52张颐和园彩色照片，拍摄区域以万寿山前山后山、后溪河等处为主，涉略东堤沿岸建筑和景观，照片采用彩色玻璃版正片，图像清晰，色彩绚丽自然，还原度非常高。这些照片为颐和园老照片增添了一抹亮丽色彩，也是中国题材影像中第一批非手工上色的彩色照片，开创了彩色摄影应用的先河，十分珍贵。

颐和园老照片集萃

（二）民国时期颐和园老照片

民国时期，在东西方文化的激烈碰撞中，中国逐渐由传统社会转型为现代社会，摄影术在全国蓬勃发展起来，中国人的主动摄影意识觉醒，摄影走进了普通人的生活。伴随着社会风气逐渐开化，旅游开始了近代化历程，1914年颐和园对外售票开放后，入园参观的阶层和群体不断扩大，记录和反映颐和园自然景观、人文风貌的照片达到了繁荣。这一时期颐和园老照片有三个特点：一是摄影师的身份更加多元，涌现出更多的社会学者、知识分子等，业余摄影师的队伍不断壮大。二是影像的传播媒介更加多样，风景明信片、报刊新闻摄影、摄影展览、电影等风行起来。三是拍摄手段更具现代特征，如飞机航空摄影的应用。

摄影师中的两位杰出代表，一是美国社会经济学家西德尼·戴维·甘博。他拍摄的颐和园照片，既有建筑景观的大场面，也有细节和特写，视角还包括园外的功德寺、青龙桥闸、洋船坞、京西稻田等与颐和园密切相关的周边建筑景观。作为一名业余摄影师，甘博的摄影作品无论从构图上，还是在光线的应用上，都不逊于专业摄影师。二是德国女摄影师赫达·莫理循，她的摄影风格比较平实，黑白镜头中的颐和园展现了一种平淡破败之美。除关注颐和园与玉泉山之间的景观外，赫达还有一些后山俯拍照片，展现了园外北部区域的村镇和景观。

颐和园拥有得天独厚的自然山水景观，风景摄影一直是摄影的主要题材，为了满足时人赏景留念、馈赠的需求，风景照片、风景明信片风行起来。其中彩色明信片采用手工上色或套色制版印刷的方式，在黑白照片的基底上加入绚丽多彩的颜色，画面更为形象生动。这些风光照片既有

以颐和园为专题的特辑，也有北京地区风景名胜全集，均选取园内的主要建筑和独特景观，有些还配有简要文字说明。

电影成为民国时期影像传播的新媒介，20世纪30年代后，电影技术日新月异，有声电影、彩色影片等制作方式逐渐成熟，电影走入大众的生活。颐和园因其皇家御园的身份和优美的自然风光成为众多电影的拍摄外景地，民国档案中能看到日伪时期园内拍摄电影的记载，如民国28年（1939年），新民会映画班入园拍摄万寿山风景片；民国33年（1944年）华北电影公司制作组摄制电影借用颐和园西部区域。这一时期的电影受社会现实形势和制作机构的影响，展现的内容带有明显的政治倾向，是为日本帝国主义侵略政策服务、奴化中国人民的文化机构。

民国时期，借助于飞机的发明应用，开启了近代航拍的历程，实现了续航时间更长、图像更稳定的高空摄影。由于飞机和飞行员的稀缺和特殊性，航拍照片主要出自军队和民航系统，摄影目的有商业、兴趣爱好、侦察、测绘、收集情报等。颐和园航拍照片的画面尺度宽广，场面宏大，突破了普通拍摄视野的局限，能更好地展示园林独特的山水环境及其周边的山形水系、村镇阡陌，具有较高的欣赏价值。

四、颐和园老照片的价值

清末民国时期，颐和园经历了劫掠、重修，外患、修缮，园林功能、建筑形制、植物配置乃至陈设布置都发生了变化。拍摄于这一时期的老照片，蕴含的信息非常丰富，忠

实记载了特定阶段的园林风貌，既反映了园林的重大变迁，也折射出时代的发展，是非常珍贵的历史资料。

在古建研究与保护方面。一是老照片弥补了档案信息不完整和相关档案缺失的不足，为区分不同时期的建筑提供了直接判断依据，能进一步明确清漪园被毁后的建筑景观遗存情况。二是针对已消失或发生重大变化的建筑，通过对比不同时期的老照片，能直观展现建筑原有面貌，还原建筑变化过程，为建筑历史考证和复原设计提供依据。三是借助于老照片中展现的建筑特征和细节，如屋顶形制、建筑彩画等确定建筑基本形式和风格，为古建修缮提供参考资料。

在文物研究与保护方面。一是通过老照片对比能大致了解文物在劫难中的损益和后期调配情况；为调入文物提供了来源线索，有助于完善文物档案。二是对老照片中展现的各类文物信息进行提取和整理，为已毁坏或残损文物的复原、修复提供依据。三是老照片中展现的室内外陈设物品种类、位置、陈列方式及内檐装饰情形，为现今的陈设布置提供了形象的参考资料。

在园林植物配置与养护方面。一是通过老照片对比，能了解历史时期的园林植物配置基调、景观格局以及变化情况。二是老照片中展现了局部区域植物与景观的协调关系，植物与园林建筑的依存关系，有助于指导现代园林植物的养护管理。三是以老照片中展现的园林植物配置风格和意境方面为基础，为恢复和提升园林景观提供参考和借鉴。

在清宫生活礼仪方面。在清宫系列摄影中展示了上至以慈禧太后为中心的皇室贵胄以及外国公使女眷，下至侍从仆役等不同身份群体的服饰、装扮特征，具有强烈的时代特色。此外，照片中还展现了皇室出行仪驾、节庆室内外装饰等信息，为清宫服饰、礼仪和庆典研究提供了影像素材。

摄影术的发明是人类社会的一个伟大进步，老照片成为今人了解历史时期政治、经济、社会风貌的一个重要依据。清末民国时期，颐和园及周边一直处于动态的变化中，园林面貌几经变迁，而老照片强烈的纪实性使其成为文献资料的补充和佐证，其独特的历史文化价值也逐渐得到重视和应用。对颐和园老照片进行系统整理和研究，有助于更加全面、准确地了解历史时期的园林状况，也为现今的园林文化遗产保护与研究工作提供参考和借鉴。

参考文献：

[1] 泰瑞·贝内特：《中国摄影史：1842—1860》，北京：中国摄影出版社，2011年。

[2] 泰瑞·贝内特：《中国摄影史：西方摄影师（1861—1879）》，北京：中国摄影出版社，2013年。

[3] 泰瑞·贝内特：《中国摄影史：中国摄影师（1844—1879）》，北京：中国摄影出版社，2014年。

[4] 韩丛耀、赵迎新：《中国影像史（十卷本）》，北京：中国摄影出版社，2015年。

[5] 张明：《外国人拍摄的中国影像：1844—1949》，北京：中国摄影出版社，2018年。

[6] 程龙：《西洋影像中的"三山五园"》，北京：首都师范大学出版社，2018年。

第一章

百年沧桑

第一章

百年沧桑

　　颐和园，坐落于北京西郊，占地300余公顷，是中国现存最大、保存最完整的皇家园林，被誉为"皇家园林博物馆"，更被联合国教科文组织世界遗产委员会高度评价"是世界几大文明之一的有力象征"。颐和园的前身乃始建于乾隆十五年（1750年）的清漪园，从1750年至1949年的二百年间，这座皇家园林跨越清朝、民国两个历史时期，其命运始终与时代变迁紧密相连。它历经了盛世繁华，也遭受过外患劫掠，其建筑格局、功能、地位均发生了巨大变化。具体来说，颐和园的百年变迁主要包括以下几个阶段：

盛世肇建（1750—1860年）

　　历史上的北京西北郊地区，自然条件优越，水资源丰沛、植被茂盛、生物多样，辽金时期就已在此兴建行宫，及至元明，皇家宫殿、寺庙与私家园林、田舍交相辉映，优美的自然环境，使其成为时人游赏休憩的名胜之地。自清代以来，为了解决京城用水、发展漕运，清政府在这一区域调整水系、兴修水利，同时开展了大规模的皇家园林建设。从康熙十九年（1680年）在玉泉山兴建第一座皇家御苑，到乾隆二十九年（1764年）清漪园建成，完成了中国历史上最为集中、最为恢弘的皇家造园工程，形成了"三山五园"皇家园林群。

　　举凡一种艺术或技术在创造之初皆是简单、直率的尝试，经历种种进步才趋于完善。乾隆时期，清代的政治、经济、文化等各方面的发展皆达到鼎盛，古典园林的兴建亦登峰造极。清漪园可谓集传统造园艺术之大成，萃南、北古典园林之精华，赋予真山真水以文思匠心，实现了自然神韵和人文情趣的完美统一。清漪园建成后，乾隆、嘉庆、道光、咸丰四帝都曾多次来园拈香礼佛、祀神祈雨，乾嘉二帝还曾在昆明湖观阅水操，但园林的主要功能仍是散志澄怀。

浩劫残存（1860—1886年）

　　1856年，英法两国为了进一步打开中国市场，扩大在华侵略利益，再次发动侵略战争。1860年10月，英法联军占领北京，随之大肆劫掠并放火焚烧西郊皇家园林，清漪园只剩下秃山枯水、断壁残垣。

　　在内忧外患的情势下，清政府无力筹措大笔经费进行大规模的园林修缮，京城西北郊破败的皇家园囿就是大清国势的真实写照和见证。1860年的大火并未把清漪园完全夷为平地，在园林西部、北部、湖中岛屿以及一些偏远、不易靠近的区域，还残存一些建筑。此外，有些铜石结构的建筑和陈设也因其特殊材质而没有遭到毁灭性的破坏。清漪园在重修前长期处于无系统修缮和维护的状态，幸存的建筑陈设在自然的侵蚀下逐渐破败、倒塌，偷盗事件也时有发生。

颐和重光（1886—1912年）

　　慈禧太后修复清漪园的想法早已有之，受限于财力匮乏和朝野物议未得以实施。及至光绪十二年（1886年），醇亲王奕譞承慈禧太后懿旨奏修治清漪园工程备操海军，挪用海军经费修复清漪园的工程秘密开始。重修工程至光绪二十一年（1895年）主体工程竣工止，持续了10年，工程浩大，耗资颇费。颐和园建成后，慈禧太后将其当作自己的离宫御苑，她在园中处理军国大事，接见枢机大臣，也在园中举行庆典，颐和园成为与紫禁城紧密相联的政治中心。

甲午战败后，清政府的国际地位一落千丈，帝国主义加快了侵略的步伐。1900年，以英、美、法、俄等国为首的联军以镇压义和团之名出兵，清军节节败退，八国联军攻占北京城，慈禧太后以"西狩"的名义带光绪帝等人仓皇西逃。很快，俄国、英国、意大利、日本士兵进占颐和园，直到1901年9月14日撤离，联军在园内盘踞长达一年多之久。联军占园期间，园内陈设被掠夺殆尽，建筑景观也遭到了部分破坏，经过这次打击，颐和园与日薄西山的清王朝一起，逐渐走向衰落。

1902年，两宫回銮后再次动用巨款修缮被联军破坏的颐和园。慈禧太后在内外局势的压力下，不得不改变对西方列强的态度，颐和园成为开展外事活动的主要场所，清廷多次在园内接待、宴请各国使节与家眷。作为笼络外国势力的政治手段，颐和园开始有限度地向外国人士开放，企图挽回清政府的危亡局势。然而随着帝后相继去世，风雨飘摇中的清政府已岌岌可危。

公共园林（1912—1949年）

1912年，中华民国政府成立，宣统帝退位，中国最后一个王朝结束统治，中华大地进入崭新的历史纪元，颐和园也由封闭的皇家园林逐渐变为向社会公众开放的公共空间。1913年4月24日，步军统领衙门制定了《瞻仰颐和园简章》，这是颐和园首次开放参观的办法。1914年，面对普通民众的参观需求，提出了《颐和园售券试办章程》，颐和园开始对社会售票开放。

1928年7月，南京国民政府接收颐和园后，成立颐和园管理事务所，作为一级政府机构，颐和园的管理模式也随之发生改变，各项近代化管理制度逐步建立。民国时期，事务所曾采取了一些措施来整理园容、维修古建、保护文物，但由于时政局动荡，人事变动频繁，园林管理比较混乱，以致颐和园处于一种严重的失修失养状态。

1937年"七七事变"后，日军占领北京，随之进占颐和园，直到1945年日本投降，颐和园一直处于日伪政权的统治之下。从相关档案来看，这一时期在参观游览方面对日本人和日军有特殊优待；与日本国内在园林管理、园林植物配置、轮船修理等方面来往频繁；大量调拨颐和园的文物用于日本的政务活动；日军部队侵占颐和园管辖范围内的房屋和物品。颐和园成为日本强占中国资源、文物、试图进行文化殖民的一个据点。

1945年8月15日，日本宣布无条件投降，八年抗战终于取得胜利，解放战争随之爆发。1948年12月13日，人民解放军前锋抵达北平，颐和园先于北平城解放，1949年10月1日，中华人民共和国成立，颐和园步入崭新的历史时期。

本章收录80张老照片，分别从御园览胜、清漪劫灰、颐和旧景三节展现从清漪园到颐和园，从旧时期到新时代这座皇家园林二百年间的沧桑历史和经历的风云变幻。

第一节　御园览胜

清代对京城西北郊地区的山水环境资源进行整合，形成了以"三山五园"为核心的京西皇家园林群。颐和园（清漪园）是西郊园林中最晚建成的一座，它位于三山五园的中心，优越的地理位置，便利的水陆交通，使其成为沟通其他园林、景观的枢纽。颐和园（清漪园）在造园设计上以绵延起伏的西山为远景，以静明、圆明、畅春、静宜四园为借景，将园外的京西稻田、青龙桥古镇、功德寺等纳入自身的景观体系中，园内园外浑然一体。

功德寺

位于玉泉山和万寿山之间，前身为大承天护圣寺，始建于元代中期，后经明清两代重建，改名功德寺。功德寺重修后就近纳入到清漪园的管辖中。1860 年，在英法联军对北京西北郊园林的劫掠中，功德寺也遭到严重破坏，此后一直处于半荒废的状态。民国时期，寺庙的主体部分被改为学校，后成为玉泉山中学的校址。

青龙桥、闸

元代，为了解决京城和漕运用水，郭守敬整理西郊水系，使得瓮山泊的面积较之前扩大不少，形成调控水源的水库，设置了青龙桥、闸和瓮山闸等基础水利设施调节水量。明代，西湖西山成为重要的游览胜地，而青龙桥正处在北京城与名胜区的节点上，紧要的咽喉位置，促进了青龙桥地区的繁荣发展。同时，青龙桥、闸仍然发挥着重要的水利设施功能，由元代的进水通道变为昆明湖的泄洪闸。

京西稻

自元明以来，颐和园周边就曾广泛种植水稻，清代继承了这一做法，并设立"稻田厂"专门管理皇庄田产，使西郊的稻田建设趋于系统化。清漪园时期不设园墙，园内的山水与园外的田园相得益彰，稻田更是成为园林之间的完美过渡和重要景观点缀。稻田的开辟，具有弘扬传统农耕文化、丰富山水景观格局、满足皇室御用稻米需求等多种功能，然而随着时代更迭、环境变迁，这一诗意入画的田园景观已消失。

本节收录 12 张老照片，包括颐和园航拍图、全景图、颐和园周边湖景风光图，通过这些照片展现了颐和的整体轮廓、周围河系、水道、稻田、村落、寺庙等已变化或已消失的景观。

壹

贰

壹

颐和园较早的航拍图

20世纪30年代 / 佚名

　　机位位于昆明湖上空正中央，能清晰看到万寿山前山中轴线及两侧的建筑和布局，远处园外的景色也一览眼下。

贰

颐和园早期航拍图

民国时期 / 佚名

　　从昆明湖西侧上空拍摄的颐和园航拍图，能看到昆明湖沿岸从西向东排列的建筑以及园外东北方的景色。

颐和园航拍图

民国中期／佚名

　　从颐和园西侧方向拍摄的航拍图，重修颐和园时，在昆明湖东、南、西三面增建园墙，并将耕织图遗址划出园外，改建水操学堂。照片左下方能清晰看到园墙外的水操前、后学堂。

壹

贰

壹

功德寺山门外石兽

20世纪20年代 / 奥斯瓦尔德·喜仁龙

　　功德寺位于玉泉山和万寿山之间，原名大承天护圣寺，始建于元代中期，后毁于火灾。明朝重修后改名为"功德寺"，嘉靖年后没落。清朝乾隆时期对昆明湖及其附近水系进行整体治理，功德寺也奉敕重修，并纳入清漪园管理。1860年功德寺遭到英法联军的严重破坏，后逐渐败落。现今寺庙地上建筑物无存，只遗存部分石制品。

贰

功德寺山门外石兽

20世纪20年代 / 西德尼·戴维·甘博

　　功德寺山门外伫立一对石兽，石兽取坐姿，下承须弥座，臀部着地，前腿直立，身势上扬，昂首吐舌，身饰双翼，通脊两侧亦是双翼。

青龙古桥

20世纪20年代 / 西德尼·戴维·甘博

　　青龙桥位于万寿山西北。元代郭守敬整治西山水系，为了调节水量，设置了青龙桥、闸和瓮山闸等基础水利设施，青龙桥地区也因瓮山泊治水而繁盛起来。照片中能看到青龙桥上修建的铺面房和桥边的水闸。

壹

贰

壹

从四大部洲望园外

20世纪30年代 / 赫达·莫理循

　　从四大部洲远眺，能看到颐和园外的青龙桥古镇和村落，以及远处的西山山脉。

贰

从构虚轩远眺

20世纪30年代 / 赫达·莫理循

　　站在构虚轩遗址处，能看到苏州街北岸的妙觉寺，以及园外的青龙桥城关、石塔等景象。

民国颐和园上色风景（长卷）

20世纪20年代 / 佚名

颐和园西墙外景象

20世纪20年代／西德尼·戴维·甘博

    重修颐和园时，在耕织图地区修建水操学堂，并划到园外。照片中能看到位于园墙外的洋船坞。

壹

贰

颐和园和玉泉山之间的稻田

20世纪30年代 / 赫达·莫理循

颐和园和玉泉山之间星罗棋布的稻田，是颐和园景观的重要依托和延伸，可惜现已全部消失。自元明以来，颐和园周边就曾广泛种植皇室御用水稻，清代继承了这一做法，并设立"稻田厂"专门管理皇庄田产。

从玉泉山远眺颐和园

民国时期 / 普意雅

稻田中零星散布着牌楼、石桥、房屋等建筑。照片右下方是湖山罨画坊，石坊位于玉泉山静明园小东门外，建于清乾隆年间，四柱三间，为仿木结构石坊，题刻"湖山罨画""云霞舒卷""烟柳春佳""兰渚茞香"。

第二节 清漪劫灰

清乾隆十五年三月十三日丙辰（1750年4月19日），乾隆帝谕："瓮山著称名万寿山。金海著称名昆明湖。应通行晓谕中外知之。"随即启动了万寿山工程建设，至乾隆二十九年（1764年）竣工，历时15年，工程实净销算用银四百四十万二千八百五十一两九钱五分三厘，经费主要来源于圆明园库、养心殿库、造办处、广储司、两淮并长芦盐政、官员罚俸、抄家变产银等项。清漪园是西郊唯一一座完全按照乾隆帝的意图设计修建的皇家园林，独特的山水环境、丰厚的财政基础使得乾隆帝的造园思想和艺术修养得以酣畅淋漓的展现。清漪园是对几千年来中国古典园林造园思想的继承和发扬，它荟萃南、北古典园林之精华，赋予真山真水以文思匠心，实现了自然神韵和人文情趣的完美统一。

如此美轮美奂的园林盛景于1860年被焚毁，很长一段时间内，人们只能通过诗文和绘画去想象清漪园的美景，而借助于存世的老照片，得以清晰感知消失在历史烟云中的清漪园。在英法联军焚毁西郊园林前后，英军随军摄影师费利斯·比托留下了清漪园的第一次影像记录，目前已知的有5张，虽然数量不多，仍具有十分珍贵的史料价值，尤其是被毁前的文昌阁和昙花阁，为相关研究提供了直观、形象的史实依据。

第二次鸦片战争后，各国公使进驻北京，外国人可以往内地游历、经商、传教。战后的四十年内，大批的西方人涌入中国，客观上促进了摄影术在全中国尤其是北方地区的传播。京城北京成为外国摄影师拍摄的焦点和热点，据不完全统计，从19世纪60—70年代的20年里，大约有近百名外国人来过北京或在此居住过，留下了大量的影像资料。

重修前的清漪园一直处于荒废的状态，曾经的繁华已不复存在，然而东方古国的皇家园林仍然是西方社会和中国大部分阶层所难以企及的，在摄影师的眼中，它更是一片能迅速博取世人眼球和带来经济效益的宝地。这一时期，清漪园的管理相对松弛，法国外交官芮尼在日记《北京和北京人》中记载，西方人大概在1861年前后就可以在清漪园内自由游览，而1860年之后的10年间，是西方人游览清漪园的一个高峰期。拍摄清漪园的摄影师以外国人为主，约翰·德贞、保罗·尚皮翁、托马斯·查尔德、约翰·汤姆森等人的名字频繁出现在摄影作品中。此外，也出现了中国本土摄影师的面孔，他就是被誉为19世纪中国最成功商业摄影师的赖阿芳，他的摄影技巧被公认为第一流水平，经营的同名照相馆在西方人中也很有声誉。

清漪园被毁前后至重修前留存的老照片数量多，拍摄范围广，反映的内容非常丰富，能清晰、直观地感受到清漪园浩劫后的建筑景观变化情况。本节收录34张老照片，选取万寿山前山、后山、湖区等重点区域，呈现了佛香阁、宝云阁、须弥灵境、多宝琉璃塔、文昌阁、治镜阁等处随着时间推移，建筑消失或破败情况不断加剧的情形。

焚毁后的清漪园

1860年 / 费利斯·比托

　　1860年清漪园被英法联军焚毁，随军摄影师费利斯·比托在最早时间内拍下了这张清漪园被毁后的照片。照片中万寿山前山及沿湖大部分建筑都被焚毁，只剩下智慧海、转轮藏、宝云阁等小部分建筑，满目苍凉、荒芜的景象。

壹

壹

焚毁后的万寿山前山中部
19世纪60年代 / 约翰·德贞

　　清漪园时期的万寿山前山中部，以大报恩延寿寺为中轴线，两侧对称的布局修建了一组佛教建筑群。这些建筑在1860年时遭到英法联军的严重破坏，除山顶的智慧海及两侧的转轮藏、宝云阁幸免于难，其余建筑皆被焚毁。

贰

大报恩延寿寺遗址
1871年10月 / 约翰·汤姆森

　　遭焚后的万寿山，石狮似在镇守着已经残破的园林。

贰

大报恩延寿寺遗址

1875年 / 托马斯·查尔德

　　清漪园被毁后，清政府无力进行修缮，只能采取封闭和一些临时性防护措施，遗址逐渐破败，照片中可见佛香阁台基上的扶手墙已消失。

大报恩延寿寺遗址

1879年 / 赖阿芳

　　大报恩延寿寺遗址在缺乏系统修护的状况下，逐渐破败，佛香阁处的扶手墙已残缺。

大报恩延寿寺遗址
1870—1880年 / 托马斯·查尔德

　　大报恩延寿寺遗址荒草丛生，能看到山门
内的石狻猊、八角形经幢、牌楼夹杆石等物。

智慧海

1860年 / 费利斯·比托

　　位于万寿山顶的智慧海和众香界牌楼，是一组佛教建筑。智慧海全部用砖石发券砌成，不用枋梁承重，又称"无梁殿"，其与众香界的外墙面均用各色琉璃构件装饰，色泽富丽多彩。

壹

贰

壹

众香界与智慧海
1865—1866年 / 保罗·尚皮翁

　　1860年的劫难中，众香界与智慧海因其独特的建筑材质未被焚毁，主体结构尚存，然而内部陈设的佛像供器几乎被劫掠一空，智慧海屋顶东侧的力士像被毁，外墙镶嵌的擦擦佛像也遭到破坏。

贰

智慧海
1871年10月 / 约翰·汤姆森

从四大部洲遗址看智慧海。

众香界与智慧海

1878年 / 托马斯·查尔德

　　清漪园众香界与智慧海及前方的佛香阁遗址。

壹

壹

众香界与智慧海

1879年 / 赖阿芳

　　从佛香阁遗址处望众香界与智慧海。

贰

宝云阁

1871年10月 / 约翰·汤姆森

　　1860年的劫难中，宝云阁因其铜铸的
材质幸免于难，整体结构尚完整，周边木构
建筑被毁殆尽。照片中阁四周栏杆、台阶处
堆有荆棘和琉璃瓦片。

贰

壹

壹

宝云阁

1875年 / 托马斯·查尔德

　　清漪园被毁后，因多年疏于修护，宝云阁周围杂草丛生，破败不堪。

贰

宝云阁

1879年 / 赖阿芳

　　宝云阁下部四周被墙砌上，只露出顶部。

贰

清漪园时期长廊遗址
19世纪60年代 / 约翰·德贞

　　长廊始于乐寿堂西的邀月门，止于石舫东面的石丈亭，全长728米，共有273间，据档案记载，1860年被焚毁后，仅剩下11间半。

Nº. 20. Wan Shou Shan Summer Palace.

壹

壹

万寿山前山东部遗址

1878年 / 托马斯·查尔德

　　被焚毁后的清漪园万寿山东侧。近处玉澜堂、宜芸馆、夕佳楼已被焚毁，岸边可见一段院墙上的什锦灯窗及邀月门。

贰

宿云檐城关

1870—1880年 / 托马斯·查尔德

　　宿云檐位于颐和园西北部，又称"贝阙"，始建于乾隆十八年（1753年），阁内供奉关帝，与文昌阁相呼应，寓意文武辅政。从照片中可见此建筑未被焚毁。

壹

贰

N° 24 SUMMER PALACE FROM N.W.

叁

壹

须弥灵境遗址

19世纪60年代 / 约翰·德贞

万寿山后山延续了前山中轴对称的建筑布局，顺应山势在自北向南逐层增高的台地上修建了一组汉、藏风格杂糅的宗教建筑。1860年的劫难中，这组建筑遭到了严重破坏，能看到满目的断壁残垣。

贰

须弥灵境遗址

19世纪70年代 / 托马斯·查尔德

须弥灵境被焚毁后的景象，二层台地上的东西配殿，三层台地上的须弥灵境大殿被焚毁，四大部洲建筑群严重损毁。此外，照片右上角能看到云会寺的残存建筑。

叁

须弥灵境遗址

1875—1877年 / 托马斯·查尔德

从万寿山后山西侧看须弥灵境遗址，四大部洲、香岩宗印之阁、须弥灵境等主要建筑已被焚毁，但逐层台地递高的基本轮廓尚清晰可见。

壹

被毁后的万寿山后山
1877年 / 托马斯·查尔德

　　1860年的劫难中，万寿山后山的建筑景观也遭受严重破坏，照片中能看到云会寺、赅春园和味闲斋等处尚有一些建筑遗存。

贰

龙王庙
1875年 / 查尔德

　　清漪园时期后山东桃花沟处的龙王庙，位于寅辉城关的南侧。内供增胎龙王一尊。照片中的龙王庙是一座重檐建筑，体量较小，屋顶已出现坍塌，杂草丛生，但基本形制尚完整，今已无存。

贰

多宝琉璃塔

1860年 / 费利斯·比托

　　多宝琉璃塔建造于乾隆十九年（1754年），
八脊攒尖七重檐顶，各角有垂兽，塔身为雕有佛
像的彩色琉璃砖，上有镀金宝顶，色彩斑斓。多
宝琉璃塔与莲座盘云宝殿、花承阁及六兼斋共同
组成一组佛寺园林混合建筑 —— 花承阁。

壹

贰

壹

多宝琉璃塔

1866年 / 莫拉什

　　花承阁始建于乾隆年间，是一组庭院和佛寺混合的建筑群。1860年英法联军破坏后残存殿址、砖墙、石雕、假山，而多宝琉璃塔因是砖石结构，得以完整保存至今。

贰

多宝琉璃塔

1866年 / 保罗·尚皮翁

　　断壁残垣中耸立的多宝琉璃塔。

多宝琉璃塔
19世纪70年代 / 托马斯·查尔德

　　多宝琉璃塔高17.6米，汉白玉石基，塔身
用雕着596个浮雕佛像的彩色琉璃砖镶砌而成，
配以白色的须弥座，平安如意雕花汉白玉石栏，
镀金的宝顶，斑斓彩错，极为绚丽。塔前牌楼为
二柱一楼，面阔2.9米。

壹

贰

壹

昙花阁
1860年 / 费利斯·比托

　　清漪园时期的昙花阁，是一座形制奇特的六角形二层楼阁，象征昙花的花瓣，在佛经中寓意灵瑞。1860年被英法联军烧毁，重修颐和园时改为单层十字结构的景福阁。

贰

文昌阁
1860年 / 费利斯·比托

　　清漪园时期的文昌阁，位于昆明湖东堤北端，是园中最大的一处城关。城台上是三层楼阁，内供奉文昌帝君，中层外立面镶嵌西洋时钟，造型别致精美。

清漪园被毁后的玉澜堂等处

1875—1885年 / 佚名

　　在1860年的劫难中，昆明湖东岸的玉澜堂、宜芸馆等处院落沦为废墟，知春亭被焚毁，文昌阁城台上的三层楼阁被毁，只余基座。

清漪园万寿山远观

19世纪60年代 / 约翰·德贞

　　被毁后的清漪园湖山景象。站在绣漪桥上北望，可见东堤牌楼只剩下夹杆石，绣漪桥昆仑石碑及附近的几处堆拨。

治镜阁

19世纪60年代 / 约翰·德贞

　　治镜阁位于西南湖中的岛上，始建于乾隆年间，为一组圆形城堡式的高大建筑。城堡共有内外两重城墙，各设四门，内城上建三层十字形楼阁，菱花窗扇，建筑级别较高，阁周围还有四座两柱三楼的牌楼。英法联军焚烧清漪园时，治镜阁因四面临水，且远离万寿山主体建筑群而幸免于难。

治镜阁

19世纪60年代 / 约翰·德贞

治镜阁主体结构尚存，建筑出现坍塌破败迹象。

壹

贰

壹

治镜阁

19世纪60年代 / 约翰·德贞

治镜阁建筑坍塌程度加剧。

贰

治镜阁

19世纪70年代 / 佚名

治镜阁建筑坍塌破败程度进一步加剧，
远处能看见玉泉山上的玉峰塔。

第三节 颐和旧景

从 1840—1949 年，时间跨度 110 年，在悠久的历史长河中并不算长，却是中国历史的极速变革期，改良与革命，覆灭与新生，混乱与秩序相互交织，构成了时代的主旋律。与时代大背景相契合，颐和园的命运也发生了巨大变迁，尤其是在 1886—1949 年的 63 年间，先后历经了重修、外患、修缮和对外开放，完成了从清漪园到颐和园，从皇家园林到公共园林的历史转变，园林管理与保护也随之开启了近代化历程。

光绪时期，执掌朝政的慈禧太后开始处心积虑地筹备修复清漪园作为地归政后的离宫御苑，清王朝最后一次大规模的兴建园林拉开了帷幕。重修工程开始后，清廷加强了园林的守卫，摄影师很难进入拍摄，有关清漪园的照片也只有零星几张。本节收录一张展现了重修过程中万寿山前山的远景照片，能看到排云殿、德晖殿等处已基本完工，而佛香阁尚未复建，云辉玉宇牌楼也尚未立起，结合相关工程档案可大致推测出照片的拍摄时间下限为光绪十七年（1891 年），遗憾的是照片的清晰度较低，无法辨认出更多细节。

由于财力不足以及园林功能的转变，颐和园的总体造园水平较之清漪园有所降低，建筑布局和形制上也进行了调整。颐和园重修后成为帝后驻跸理政之地，宫禁森严，外人不得进入，摄影就更不可能，这种停滞局面直到 1900 年才被打破。颐和园重修后的园林建筑格局变化可以通过清末民国时期拍摄的照片加以印证。一是增加生活建筑及杂勤区，增添了御苑的生活气息。如将大报恩延寿寺下半部改建为排云殿用于举办庆典；在昆明湖三面添建园墙，加强防卫。二是修缮集中于前山、门区等重要区域，未能重修后山及湖区的大部分建筑，如未能恢复后山须弥灵境的寺庙建筑群。三是部分重修建筑形制发生改变，如将原为三层佛楼的香岩宗印之阁改建成单层的佛殿；将三层的文昌阁改为二层。

颐和园在清末再次遭受严重外患，1900—1901 年八国联军占园期间，建筑失修、景观破坏，陈设物品尽被劫掠。八国联军从颐和园撤走后，内务府大臣世续电奏："……看得仁寿殿、乐寿堂、玉澜堂、德和园、涵虚堂等处殿宇均尚齐整，其排云殿、听鹂馆等处殿宇内、外檐装修有伤损不齐之处，惟畅观堂殿宇仅存间架，情形较重。园内各殿陈设木器多有遗失……"。1902 年，两宫回銮后动用巨款修缮被八国联军破坏的颐和园，建筑景观得到修复。1908 年，帝后相继去世，清政府处于风雨飘摇之中，再也无暇顾及园林管理和养护。以佛香阁为例，这些变化在分别拍摄于 1901 年、1905 年左右以及 1912 年的照片中得到体现。

进入民国时期，虽然国内外局势动荡不安，园林管理归属变动频繁，颐和园仍基本处于对外开放的状态，园内的管理经营也一直在持续，颐和园逐步过渡为公园。

本节收录 34 张老照片，以时间为脉络，以区域为框架，记录了从清漪园到颐和园的转变，清末遭受外患期间的凋敝景象以及民国时期颐和园对外开放后的情形。

从昆明湖望万寿山

1886—1891 年 / 佚名

　　光绪十二年（1886年），修复清漪园的
工程秘密开始，仁寿殿、排云殿、玉澜堂
等处工程陆续开工。照片中可见排云门、
排云殿、德晖殿已基本完工，云辉玉宇牌
楼尚未立起，佛香阁也尚未复建。

壹

贰

壹

佛香阁

1902年 / 瓦德马尔·蒂格森

　　1900年8月15日，八国联军侵占颐和园，并在颐和园内盘踞一年之久，园内建筑、陈设再次遭受劫掠。照片中的佛香阁的门窗出现残缺。

贰

佛香阁

1900—1910年 / 菲尔曼·拉里贝

　　佛香阁坐落在20米高的石造台基上，八面三层四重檐，结构繁复，气势宏伟，是颐和园的建筑标志。1902年两宫回銮后，对园内建筑进行修缮，照片中可见佛香阁缺失、破损的门窗得到修复。

叁

佛香阁

1912年 / 阿尔伯特·卡恩

　　佛香阁是万寿山的核心建筑。阁为八脊攒尖顶，黄、绿色琉璃瓦屋面，有吻兽、垂兽。照片中的佛香阁门窗破损，阁体油漆脱落严重。

排云殿售票处

民国时期／佚名

　　1914年，颐和园正式对外售票，除大门票外，排云殿等处单独收取门票。

壹

贰

贰

转轮藏

1912年 / 阿尔伯特·卡恩

　　颐和园时期的转轮藏佛教建筑群。中间的转轮藏正殿高两层，三重檐，绿色琉璃瓦顶，宝顶上有福、禄、寿三星琉璃塑像。正殿两侧有两座配亭，八面阁形，上下各两层，内有木制彩油四层八面木塔贯穿其中，可以贮藏经书、佛像，中间有轴，地下设有机关，转动木塔可以代替诵经，形似法器"转经桶"，转轮藏由此而得名。正殿前有万寿山昆明湖石碑，坐落在青石须弥座上，石碑碑帽雕成四条脊龙捧珠状攒尖宝顶，下有浮雕卷草龙纹。1860年，英法联军焚烧清漪园时，转轮藏幸免于难，但内部陈设被抢掠一空。

壹

智慧海

1912年 / 阿尔伯特·卡恩

　　智慧海以黄绿等琉璃砖石建造，共两层，墙身镶嵌多尊小佛像。

壹

贰

叁

壹

宝云阁

1901年 / 阿方斯·穆莫·冯·施瓦茨恩斯坦茨

八国联军侵占期间的宝云阁，阁整体结构尚完整，门窗缺失严重。

贰

宝云阁

20世纪20年代 / 西德尼·戴维·甘博

宝云阁四面共有菱花隔扇70页，铸造十分精致，由于体量较轻，拆卸方便。民国年间丢失不少。照片中宝云阁门窗皆缺失，能看见阁内摆放的铜供桌。

叁

宝云阁

民国时期 / 佚名

宝云阁门窗部分缺失，屋顶瓦当、檐下铜铃亦有缺失。

壹

壹

宝云阁

民国时期 / 佚名

　　宝云阁三面门窗缺失，屋顶瓦当残缺破损严重，杂草滋生。

贰

万寿山前山西部

1902年 / 瓦德马尔·蒂格森

　　颐和园重修时基本保持了万寿山前山西部的原有建筑格局，另外在听鹂馆东侧添建贵寿无极，将蕴古室改建为西四所。远处还能看到西堤外添建的园墙，以及园墙外的水操内外学堂、洋船坞等处。

贰

壹

贰

壹

西三所

20世纪10年代 / 汉茨·冯·佩克哈默

　　西四所位于听鹂馆西侧，是四所院落的统称，光绪时为妃嫔的住所。1953年，因西三所院西道路过窄，游人拥挤。经上级批准，颐和园拆除西三所西房三间，展宽道路。

贰

小有天

1912年 / 阿尔伯特·卡恩

　　小有天为一座圆形攒尖顶小亭，虎皮石基座，立柱两侧楹联"坞暖留云画栏新锦绣，亭虚待月福地小蓬壶"；亭屋檐下匾额"小有天"，现无存。

万寿山西北部

1902年 / 瓦德马尔·蒂格森

从湖山真意北侧向西远眺，能看到大船坞、宿云檐城关、半壁桥，还能清晰地看到西宫门德兴殿建筑群及广场两侧牌楼。

壹

壹

四大部洲梵塔

1912年 / 阿尔伯特·卡恩

　　四大部洲建筑群是一组典型的藏传佛教建筑，以香岩宗印之阁象征须弥山，四周环绕四大部洲、八小部洲和绿、红、白、黑四座不同颜色的梵塔。照片中还能看到山下的构虚轩遗址。

贰

四大部洲

20世纪20年代 / 兰登·华尔纳

　　1860年，四大部洲全部木构建筑毁于英法联军大火。颐和园重修时，没有全部恢复这组建筑，仅将原为三层佛楼的香岩宗印之阁改建成单层的佛殿，内供奉从前山大报恩延寿寺移来的三世佛和十八罗汉；将位于三角形碉房式平台上的南瞻部洲改建成山门殿，内塑哼哈二将。

贰

四大部洲

20世纪30年代 / 赫达·莫理循

　　民国中晚期的四大部洲建筑群。照片
中香岩宗印之阁的墙垣、台阶等处破损，
右上方能看到云会寺残存建筑，坍塌破败。

壹

贰

壹

石狻猊

20世纪20年代 / 兰登·华尔纳

　　后山须弥灵境遗址堆放的石狻猊、石座。照片中的石狻猊原位于清漪园大报恩延寿寺山门内，改建排云殿时移至此处。

贰

石狻猊

民国时期 / 佚名

　　须弥灵境遗址石狻猊，面北，东西各1座，狻猊作披鬣状，镙结形眉，右狻猊足踏小狻猊，左狻猊足踏绣球。

石狻猊

民国时期／佚名

　　须弥灵境遗址摆放的石狻猊，系从前山原大报恩延寿寺移来。

壹

贰

壹

构虚轩遗址

民国时期 / 普意雅

　　构虚轩位于万寿山后山中轴线西北侧人工堆起的山峦上，由构虚轩、袖岚书屋、静佳斋、四方亭、抱厦房、爬山游廊组成。构虚轩建成于乾隆二十二年（1757年），道光十八年（1838年）不慎焚于火，部分建筑被毁，咸丰十年（1860年）遭英法联军焚毁，今唯存遗址。照片中还能看见后溪河北岸的妙觉寺、北宫门、苏州街三孔石桥。

贰

寅辉城关

1912年 / 阿尔伯特·卡恩

　　寅辉城关位于万寿山后山中御路上，始建于乾隆年间，光绪时重修。城关上建1层城楼，东面券门上石额"寅辉"，西面券门上石额"挹爽"，前后12个垛口，照片中城墙上垛口有缺失。

壹

贰

壹

多宝琉璃塔

1901年 / 小川一真

　　颐和园重修时未对花承阁遗址进行修复，照片中可见幸存的多宝琉璃塔及围墙、山墙等遗存。

贰

多宝琉璃塔

1912年 / 阿尔伯特·卡恩

　　花承阁遗址直至20世纪80年代初才进行1860年英法联军破坏后的第一次全面整修，补齐大小五色琉璃瓦件、小佛头240个和塔刹铜铃。照片中可见多宝琉璃塔、枋柱、围墙等。

叁

多宝琉璃塔

20世纪30年代 / 赫达·莫理循

　　花承阁南侧是一个长方形的小院，院中有南北二层台地，上层台地上耸立着八面七级的多宝琉璃塔，塔前一座二柱三楼牌楼，下层台地上竖立着乾隆御题万寿山多宝塔碑。

叁

壹

壹

花承阁太湖石
20世纪30年代 / 赫达·莫理循

　　花承阁太湖石石座为乾隆年间雕刻，座长2.59米，宽1.905米，高1.48米。四面雕刻水浪，中有鱼、龙、牛、龟等异兽。

贰

叁

肆

贰

紫气东来城关

1918年 / 佚名

　　城关位于万寿山东麓折向后山的山路上，始建于乾隆年间，关上原为双层阁，光绪重修时改为单层。城关南北向坐落，石镶关额南曰"紫气东来"，北曰"赤城霞起"。照片中城关南侧道路铺砌台阶，两边有虎皮石矮墙，与今不同。

叁

知春亭

1912年 / 阿尔伯特·卡恩

　　知春亭为重檐四角攒尖方宝顶，屋顶有吻兽、垂兽，涂深红色油漆。亭侧平桥为重修时添建，涂红绿两色油漆，连接东西两侧的小岛。

肆

从东堤望文昌阁

民国初期 / 佚名

　　颐和园重修时，将文昌阁改为二层城关，在昆明湖三面增建围墙。照片中东堤上栽种柳树，湖里种有荷花。此处，围墙能看到加高痕迹，墙外竖立几座烟囱。

壹

贰

壹

东堤昆仑石碑

民国时期 / 佚名

　　昆仑石碑于乾隆二十九年（1764年）立，位于昆明湖东堤铜牛北，坐西面东，碑长方形，弧形碑首，碑下为海水江崖纹石座。碑身阴刻乾隆帝御笔行书御制诗，南侧为乾隆三十五年（1770年）作《昆明湖上作》七律诗一首，东侧为乾隆二十九年（1764年）作《西堤》七律诗一首，其西、北两侧均剥漶，字迹不清。

贰

五角亭

民国时期 / 佚名

　　从西堤五角亭望佛香阁，该亭已拆除。

壹

壹

西堤花牌楼
20世纪30年代 / 赫达·莫理循

　　西堤南端的四柱三楼点景花牌楼，后经岁月剥蚀而残破，于1972年被拆除。

贰

贰

治镜阁遗址
民国时期 / 佚名

　　光绪十三年（1887年），因重修颐和园资金短缺，拆下治镜阁的砖石木材去营造其他宫殿，以致岛屿逐渐荒芜。照片中可见高大残破的减墙和两间破败不堪的小屋，杂草丛生。现仅存夯土墙。

第二章

建筑风物

第二章

建筑风物

乾隆十五年（1750年），为了给母亲崇庆皇太后祝贺六十大寿，乾隆皇帝在瓮山之阳兴建"大报恩延寿寺"，在建寺的同时，清漪园内的其他建筑也陆续破土动工。建成的清漪园建筑类型丰富，亭、台、楼、阁、轩、馆、廊、榭、舫等一应俱全，其中佛香阁、长廊、十七孔桥等也成为中国建筑中的精品和标志，具有重要的历史价值和极高的艺术价值。这些建筑或因山就势而建，或临湖依畔而筑，建筑与山水地形、花木石台完美结合。嘉庆、道光、咸丰三朝，除个别建筑有所增损及易名外，园内建筑基本保持了乾隆朝的形制和样式。咸丰十年，清漪园内的大部分建筑被英法联军所焚毁，但少数建筑如养云轩、转轮藏、廓如亭、智慧海等逃过劫难，幸运地保留了下来。光绪十二年（1886年），慈禧太后挪用海军军费在清漪园的废址上重建颐和园，多处工程沿用清漪园建筑的设计、形式和做法。在修缮一新的颐和园建筑中，有的按建筑原名、原样重建，如长廊、玉澜堂、宜芸馆；有的仍用原建筑名称但未照原样修复，比如石舫、乐寿堂、文昌阁；有的在原址上改建并更改建筑名称，如德和园（原址为怡春堂）、景福阁（原址为昙花阁）、清华轩（原址为罗汉堂）；有的由于财力所限没有重建，如贱春园、绮望轩、苏州街；还有按照需要新建的建筑，如眺远斋、益寿堂、贵寿无极、怀仁憬集等。后经历晚清、民国，颐和园的建筑面貌基本没有变化，一直延续到今天。总体来说，颐和园时期的建筑较清漪园时期在工艺及气势上有所降低，并且将大量的佛堂建筑改为四合院式的居所，导致全园宗教氛围有所削弱，生活氛围提升。

建筑当然是颐和园中最引人关注的园林元素，因此有关颐和园建筑的老照片数量相较其他园林元素要丰富，最早的建筑照片拍摄于1860年10月清漪园被毁之前，战地摄影记者费利斯·比托拍摄了当时三层的文昌阁和平面呈昙花形状的昙花阁。之后托马斯·查尔德、约翰·德贞、赖阿芳等拍摄了遭受劫难之后的清漪园，它们真实地反映了清漪园建筑被毁之后的破败，这其中既有几乎被完全烧毁只剩台基的佛香阁、长廊、石舫等，也有被部分烧毁残破不堪的四大部洲、贱春园，但也可以从照片中看到浩劫后幸存下来的建筑，比如转轮藏、智慧海、多宝琉璃塔，其中在我们以往认为是1860年被毁的建筑治镜阁和景明楼，也可以在老照片中看到其保存尚好的身影，这为我们研究建筑的损毁年代提供了第一手的可靠资料。这期间幸存的铜亭变化较为明显，最初是破败后无人管理周围长满杂草，后来为了保护和防盗铜门窗用白墙封堵，再后来部分铜窗扇丢失，再后来铜窗扇全部丢失，我们可以看到其变化较为连续的影像。再之后就是光绪时期颐和园重修后的照片，照片上的建筑影像与我们现在所见差别不大。

　　本章选取了82张老照片，包括宫门森严、建筑典范、桥影婀娜三部分内容。宫门部分选取了最为重要的东宫门、西宫门、北宫门和排云门的27张老照片，这些照片最早拍摄于清漪园被焚毁后的1870年前后，从中我们可以看到部分清漪园建筑的最后影像，展现了宫门建筑的劫后余生，如被烧毁的东宫门为了防止闲杂人等进入用白墙封堵，尚未坍塌的排云殿广场西牌楼尚在；在颐和园重建后的照片中，可以看到各宫门规制完整的影像，如现已消失的北宫门外的金水河和砂山，也可以看到重修后的东宫门外涵虚牌楼的规制变化。建筑典范选取了颐和园中最为经典的长廊和石舫，长廊在1860年被烧毁，只剩下石质台基，光绪朝按原样重新修复，本章选取11张民国时期长廊照片，可以看出部分彩画与现在的有所不同。石舫原为中式木质船舱，1860年被毁后仅存石造的船体，重建后改为西洋轮船的样式，从选取的7张老照片中可以看到石舫从刚刚被烧毁后仅存的石造船体，到船体上长满杂草，再到重新修缮成为现在的西式轮船样式的演变过程，但可惜的是未能发现清漪园时期石舫船舱的照片。桥是颐和园中最为常见的建筑，本章共选取37张老照片展现桥的旧影。十七孔桥、半壁桥、玉带桥、苏州街三孔石桥等均为石桥，在英法联军破坏后得以保存，老照片中的十七孔桥保存尚好，但与其相连接的南湖岛上则仅剩一片树木和涵虚堂的石质台基。荇桥、镜桥等亭桥选取的为颐和园修缮后的照片，与现存样式基本无异。作为通往万寿山西部的必经之道——半壁桥的变化较为显著，清漪园东西南三面不设围墙，为了加强防卫功能，照片上可见半壁桥东侧高耸的虎皮石墙，此墙直至颐和园添修西大墙后才拆除。

第一节　宫门森严

　　清漪园以东宫门为正门，北部和西部还有北宫门、北如意门和西宫门。颐和园时期除了上述三个宫门外，还在新修筑的园墙上陆续建造了新建宫门和南如意门。各宫门规制完整，金水桥、牌楼、配殿、值房等一应俱全，有些宫门还环以砂山。

　　东宫门旧称大宫门，始建于乾隆十五年（1750年），由宫门、朝房、影壁、石桥、广场、涵虚牌楼组成一组格局严谨、布列有序的中轴线建筑群。东宫门坐西朝东，面阔五间，两稍间为值房，南北两侧各有一座罩门。本节选取东宫门老照片11张，除了可以看到1860年被烧毁的东宫门砌以白墙封闭外，还可以看到民国时期已经修缮一新，并利用朝房作为售票处的东宫门建筑群，此时照片中的东宫门台阶尚没有安放1937年从圆明园安佑宫废墟上移来的雕龙云路陛石。从老照片中亦可见到东宫门影壁东呈"品"字形布局的三座石桥。

　　北宫门也称北楼门，不晚于乾隆十九年（1754年）建成，重建于光绪十九年（1893年），是颐和园中唯一的一座两层楼式宫门。其位于后山须弥灵境中轴线上，乾隆时期皇太后上万寿山礼佛经常由此门进入。北宫门建筑群由北宫门、东西朝房、北宫门东西北三砂山、金水河和其上的三孔石桥构成。从所选取的6张老照片中可以看到清末戒备森严的北宫门，外面金水河、砂山一应俱全，而金水河及砂山如今却难觅踪影。

　　西宫门位于颐和园西北角，前有河道与玉河相连，是颐和园唯一一处码头式宫门，包括宫门、南北朝房及南、北、西三座木牌楼。该建筑群始建于乾隆十九年，是专为帝后去玉泉山、香山游览时方便出入及临时休息所修的一座园门。本节选取的西宫门老照片3张拍摄于清末，可以看到光绪朝重修后的西宫门完整面貌。

　　除上述宫门外，园内每组建筑群也有各自的正门、后门和侧门，门的建造形式多种多样，不仅有出入和防卫的实用功能，在建筑艺术上也反映出封建礼制的等级。本节选取了排云门老照片7张，包括清漪园大报恩延寿寺山门外的牌楼、晚清民国时期的颐和园云辉玉宇牌楼和排云殿二宫门。

清漪园大宫门

19世纪60年代 / 约翰·德贞

　　清漪园时正门称大宫门，五楹东向，门外南北朝房，左右各一罩门，重建后称东宫门。1860年时宫门被毁，为防止外人进入，在原处砌墙封闭。

清漪园大宫门

1878年／托马斯·查尔德

　　焚毁后被封闭的东宫门，照片中能看到宫门前两侧铜狮以及北侧罩门。宫门处堆砌的砖墙已残破不堪，石阶及路面杂草丛生。

壹

贰

壹

东宫门

民国时期 / 佚名

　　东宫门为颐和园正门，面阔五间，歇山式屋顶，门前为斜面礓磙坡道。照片中还可看到宫门南侧的罩门和两侧铜狮。

贰

东宫门

民国时期 / 佚名

　　东宫门广场中央设置花坛、假山。民国26年（1937年）5月24日，从圆明园安佑宫废墟上移来一块雕龙云路石，安置在颐和园东宫门台阶的中央，原台阶青汉白玉石改用白汉白玉石，云路石加装古铜栏杆。台阶两边礓磙坡道改为石阶。

壹

贰

壹

东宫门广场

1918年 / 佚名

　　东宫门广场南北各有朝房和侍卫值房。民国时期，颐和园对外开放后，北侧侍卫值房被用作售票处。

贰

涵虚牌楼

1879年 / 赖阿芳

　　清漪园时期东宫门广场外的牌楼为三间四柱三楼的形制。东面额曰"罨秀"，西面额曰"涵虚"，皆乾隆御题，但与颐和园时期位置相反。

壹

贰

壹

涵虚牌楼

清末 / 希特斯

重修颐和园时，涵虚牌楼的规制随之提高，改为三间四柱七楼。牌楼东西向坐落，高5.8米，占地面积57.8米，夹杆石长、宽1.05米，高1.4米，庑殿歇山顶，前后檐有龙凤透雕花板。重修后的牌楼匾额方向也发生变化，东面额曰"涵虚"，西面额曰"罨秀"。

贰

涵虚牌楼

民国时期 / 佚名

照片中可见涵虚牌楼东南侧立有一巨方座碑，双龙碑首，具有典型的清代风格。

壹

贰

壹

东宫门外广场石桥

1901 年 / 佚名

　　东宫门广场外牌楼南北东各有一座石桥，三桥呈"品"字形排列。照片中停马车处是牌楼东侧的石桥。

贰

东宫门外广场石桥

清末 / 佚名

　　照片中可见现已消失的牌楼东侧石桥，还可看见成列新植的旱柳。

仁寿门 JZn 5nou Mon

仁寿门

20世纪20年代 / 佚名

　　仁寿门原为清漪园二宫门，重修颐和园后
改为仁寿门，门左右各有一块长7.2米的青砖
影壁，庑殿式顶，上有砖雕浮龙。照片中的
礓磋在1975年改为台阶，照片中从门框内还
能看到寿星石以及仁寿殿挂着的棕帘。

壹

贰

壹

北宫门
清末 / 佚名

　　北宫门为二层歇山式楼门、东西两侧
各有一座小罩门，广场上有悬山式东西朝
房，其后各有一座砂山，广场外有一条东
西向的小河，其上有一座南北向的石桥，
现河道已被填埋。

贰

北宫门
清末 / 佚名

　　北宫门也称北楼门，重建于光绪十九
年（1893年），是颐和园中唯一的一座两
层楼式宫门。照片为站在北宫门外砂山上
拍摄，能看到东侧罩门上贴有门神。

壹

贰

42. - Une des Portes du Palais d'été, Pékin — *One of the gates of the summer palace, Peking*

壹

北宫门

清末／佚名

修缮一新的北宫门及东西朝房、石桥。

贰

北宫门

清末／佚名

北宫门设置挡众木，防止外人随意进入。

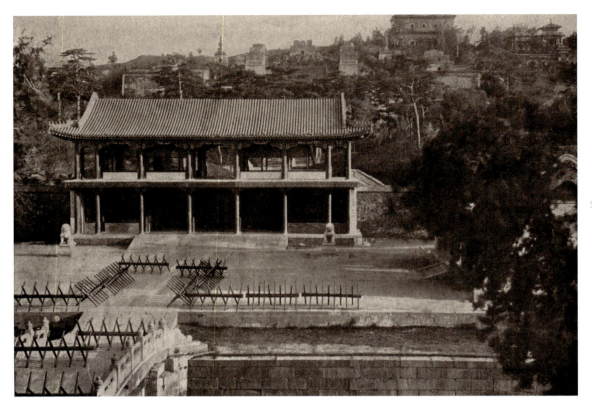

壹

贰

叁

肆

壹

北宫门
清末 / 佚名

北宫门门前广场及石桥处设置多件挡众木。

贰

北宫门
民国时期 / 佚名

1947年，颐和园开放北宫门，在石桥南侧
建栅栏门，门上请书法家张伯英书写"清漪园宫
门"匾额。将北宫门对面原有砂山铲平，移用圆
明园旧影壁底座，在此处增建大影壁。1958年
10月20日，经上级批准拆除民国时期所建的北
宫门外木栅栏门。

叁

西宫门
清末 / 佚名

西宫门是颐和园唯一一处码头式宫门，紧
邻元代白浮瓮山河（现京密引水渠）而建。

肆

西宫门
清末 / 佚名

夏季的西宫门外树木掩映，门前河道中水
生植物茂盛。

壹

贰

叁

肆

壹

西宫门

清末 / 佚名

　　西宫门是清漪园的一座园门，专为清代帝后去玉泉山、香山游览时出入方便和临时休息所修。宫门坐东朝西，面阔三间，门外有南北朝房，均面阔三间。门前广场南、北、西三面各建一座木牌楼。宫门东边建有一座如意门和三间值房。西宫门在成丰十年（1860年）被毁，光绪时重修。

贰

大报恩延寿寺前广场

19世纪60年代 / 约翰·德贞

　　清漪园时期大报恩延寿寺前广场有东、西、南三座牌楼。照片中为西牌楼，形制为三间四柱七楼，匾额为"归指三明"。此外，还能看到摆放的太湖石以及远处的鱼藻轩。

叁

大报恩延寿寺前广场

19世纪70年代 / 佚名

　　清漪园时期大报恩延寿寺前有三座牌楼（现仅存南侧一座）。照片中所见为烧毁后的西牌楼，还能看到十二生肖太湖石、山门前的一对石狮及与太湖石交替种植的松柏。

肆

大报恩延寿寺前广场

1879年 / 赖阿芳

　　几年之后，广场上的西牌楼木质部分已无存，只剩下夹杆石。

壹

贰

壹

云辉玉宇牌楼

1912年／阿尔伯特·卡恩

　　光绪时期在原大报恩延寿寺南牌楼位置重修的云辉玉宇牌楼，作为排云殿建筑群的起点。牌楼为四柱七楼，庑殿式与悬山式山顶，饰黄色琉璃瓦，前后檐两额枋中有九块龙凤雕板，青石台基。远处可见昆明湖、西堤。

贰

云辉玉宇牌楼

民国时期／佚名

　　云辉玉宇牌楼添加戗杆支撑。牌楼南侧码头上栽有两大两小四株柏树。

壹

贰

壹

排云殿二宫门

1912年/阿尔伯特·卡恩

　　二宫门是排云殿建筑群第二进院落的宫门。清末为慈禧太后祝寿，要在此处举行隆重的庆寿活动。二宫门为歇山式黄色琉璃瓦顶，上有吻兽仙人，门上有横竖九个门钉，坐落在汉白玉台基上，门前有汉白玉石栏。门前男子可能为守门太监。

贰

排云殿二宫门

民国时期/佚名

　　排云殿二宫门，彼时二宫门为敞厅，可以看见二进院落内陈设的铜缸，与现状不同。

第二节　建筑典范

　　颐和园的建筑气势恢宏、雍容典雅，很多建筑都可以被称为中国建筑的典范之作。本节选取颐和园建筑中最具代表性的长廊和石舫两组建筑，共计18张老照片。

　　长廊位于万寿山下，起于邀月门，止于石丈亭，全长728米，共计273间，廊的中间建有象征春、夏、秋、冬四季的留佳、寄澜、秋水、清遥四座八角重檐亭，东西两段各有短廊伸向湖岸，衔接对鸥舫和鱼藻轩两座水榭。长廊的每根廊枋上都绘有苏式彩画。1990年，长廊以杰出的建筑和丰富绚丽的彩画被收入《吉尼斯世界纪录大全》。本节所收入的11张老照片反映了民国时期长廊的面貌，与现状基本无异，只是枋上的彩画与现在有所不同。

　　石舫位于昆明湖西北角，始建于乾隆十九年（1754年），全长36米，造型仿自江南园林中的"舫"式建筑，上部的舱楼为中国传统的木构舱楼式样，乾隆取"水能载舟亦能覆舟"之意自为鉴戒。咸丰十年（1860年）焚毁后仅剩石造的船体，光绪十九年（1893年），慈禧太后重修石舫，模仿西洋轮船的式样，将原来中式船舱改建成两层的洋式船舱，舫内用西洋地砖铺地，门窗上镶嵌了特制的彩色玻璃，取"海清河宴"之意更名为清晏舫。本节所选的7张石舫老照片，既可以看到清漪园时期石舫被烧毁后所剩的石造船体及周边残存的寄澜堂、荇桥等建筑，也可以看到民国时期重修后的石舫。

壹

廊 長·山壽萬 （京北）
Choro, Banjuzan, Peking.

貳

壹

留佳亭

民国时期／佚名

　　留佳亭为长廊东起第一亭，建筑面积21.5平方米，重檐八脊攒尖顶，亭内西悬蝠形匾额"文思光被"，语出《文心雕龙》，意为帝王睿智广施天下，下面彩画为"桃花源记"。

贰

留佳亭

民国时期／佚名

　　留佳亭的彩色照片，匾额下彩画较上一幅有所磨损。

寄澜亭

民国时期 / 佚名

　　寄澜亭为长廊东起第二亭，建筑面积21.6平方米，亭内悬东向匾额"夕云凝紫"。匾额下方彩画为人物山水画。

下廊長山壽萬京北
(NO. 27) THE SUMMER PALACE, PEKING.

壹

贰

壹

寄澜亭
民国时期／佚名

　　寄澜亭的另一幅老照片，匾额下彩画与上一幅完全不同，可见民国时期进行过重绘，现为《三国演义》中的"张飞夜战马超"。

贰

寄澜亭
民国时期／佚名

　　寄澜亭的彩色老照片，彩画内容与上一幅相同。

颐和园老照片集萃

第二章

建筑风物

壹

贰

壹

寄澜亭

1930年 / 美丽中国

　　寄澜亭的另一幅彩色老照片，从东向西拍摄，可见西匾额"烟霞天成"，形容周围风景优美，自然天成。

贰

秋水亭

民国时期 / 佚名

　　秋水亭为长廊东起第三亭，建筑面积21.2平方米，八角重檐攒尖顶，亭内东悬"禀经制式"匾，语出《文心雕龙》。

下廊長山壽萬京北

THE SUMMER PALACE, PEKIG.

秋水亭

民国时期 / 佚名

　　秋水亭的另一幅老照片，匾额下彩画模糊，并且廊上装有球型电灯。

清遥亭

民国时期 / 佚名

　　长廊东起第四亭清遥亭，八角重檐
攒尖顶，建筑面积21.3平方米。亭内
东悬"俯镜清流"匾。

长廊内檐彩画

民国时期 / 佚名

　　照片中的长廊彩画与现存1979年绘制的长廊彩画形式基
本相同，均为苏式包袱彩画，但是一些细节纹饰有所差异。照
片中最明显的变化是四架梁彩画纹饰，当时的四架梁为蓝底五
彩流云枋心彩画形式，现为绿地片金卡子枋心彩画形式，可见，
虽然均为苏式彩画，但是用金量却增加了很多。

长廊外檐彩画

民国时期 / 佚名

　　照片中长廊上架绘制苏式包袱彩画，与现存 1979 年绘制的彩画形式相同。其中包袱心可见花鸟、山水题材，现存彩画包袱心题材为山水、花鸟、人物故事和建筑线法四种题材相互交替绘制。从照片亦可见亭内迎风板彩画与现有题材也不相同。

壹

贰

壹

石舫

19世纪60年代 / 约翰·德贞

　　石舫始建于乾隆十九年（1754年），一层为石造船体，二层为木结构舱楼，陈设皇帝、名人书画，硬木家具、瓷器等。照片中石舫周围杂草丛生，能看到寄澜堂、荇桥以及西所买卖街残存的建筑。

贰

石舫

19世纪60年代 / 约翰·德贞

　　与上一张照片视角相反，此时园林荒弃多年，石舫基座上长满树木、杂草，周边的湖水也已干涸。

壹

清晏舫
1912年／阿尔伯特·卡恩

　　光绪十九年（1893年）重修石舫，模仿西洋轮船的式样改建，并取"河清海晏"之意，更名为清晏舫。二层木结构舱楼被改为样式雕花屋顶，门窗上镶嵌特制彩色玻璃。

贰

清晏舫
1929年／佚名

　　照片中石舫四周搭建木脚手架，似在进行修缮。

清晏舫

民国时期／佚名

从荇桥上拍摄的石舫修缮照片。

壹

壹

清晏舫

民国时期 / 佚名

不同于清漪园时代的木质结构，清晏舫模仿西洋轮船的样式，将原来中式的舱楼改建为洋式雕花屋顶，并在石舫两侧添加了两个西式机轮，石舫上还装饰有玻璃。

贰

清晏舫

民国时期 / 佚名

清晏舫及附近湖面上停泊的木船。

贰

第三节　桥影婀娜

　　颐和园中的桥数量众多，造型各异，既有石桥，也有木桥，既有平桥，也有拱桥。本节选取颐和园桥的老照片 37 幅，包括荇桥、半壁桥、苏州街桥、十七孔桥、绣漪桥、西堤六桥等。

　　荇桥始建于乾隆二十三年（1758 年），建筑东西横跨在颐和园西部万字河上，花岗岩桥基，桥上长方形重檐桥亭，面阔三间。桥下三孔分水桥洞，中间的桥洞宽大、高敞，可以通行尺寸较小的画舫，荇桥东西各建有一座四柱三楼冲天牌楼。本节选取的 6 张荇桥照片，有清漪园被焚毁后荇桥残存的影像，也有清末民国期间荇桥修缮一新后的黑白和彩色照片。

　　半壁桥位于宿云檐城关以北，呈南北方向横亘在后溪河上，桥为单孔拱形，桥拱高大，桥下可以通行皇帝的画舫，桥上连接南北御路，是通往万寿山西部的必经之路，因此清漪园时期桥上贯通虎皮园墙起防卫作用。颐和园时期扩建园墙后，桥上的园墙才改为栏杆。从所收集的 4 张老照片可以看到桥之前后对比。

　　三孔石桥是苏州街的中心，也是从北宫门通往四大部洲的必经之路，桥上汉白玉栏杆，桥下花岗岩桥基。选取的 8 张老照片展示了清漪园被焚烧后残存下来的三孔石桥和苏州街内小石桥，以及三孔石桥下残存的转角楼房。光绪年间苏州街没有复建，直到新中国成立后的 1990 年才复建完成。

　　十七孔桥东连廊如亭，西接南湖岛，长 150 米，堪称中国园林中最大的桥梁，其长度、宽度、高度与昆明湖的面积和南湖岛的平面布局以及建筑的空间效果相适应，符合因地制宜的设计理念。十七孔桥的栏杆望柱上精雕细刻着 544 只生动美观、形态各异的小狮子。本节所选取的 9 张十七孔桥和南湖岛的老照片，有的记录了刚被焚掠过的清漪园中幸存的十七孔桥，有的展示着廊如亭和南湖岛上的断壁残垣，有的展现了民国时期修缮后的南湖岛建筑。

　　绣漪桥建造于乾隆十五年（1750 年），位于昆明湖东南与长河的交汇处，是连接长河与昆明湖的水陆交通要道。绣漪桥的造型仿照江南水乡的单孔石桥建造，高跨在昆明湖流入长河的出水口上。本节所选的 5 张绣漪桥老照片，不但展现了绣漪桥的历史风貌，也可窥其周边环境的变迁。

　　颐和园西堤仿照杭州西湖的苏堤而建，共有六座桥，从北到南依次为：界湖桥、豳风桥、玉带桥、镜桥、练桥和柳桥。这六座精巧的石桥，不仅各有特色，而且还含有不同的寓意。玉带桥是西堤中最著名的桥，建于乾隆十五年（1750 年），整座桥体采用青白石和汉白玉两种石料精雕细刻而成。玉带桥西接玉河，样式有别于西堤上其他五座桥梁，为高拱形单孔石桥，与绣漪桥形状相似。镜桥位于西堤中部，是一座八方重檐攒尖式桥亭，乾隆皇帝巧借李白诗："两水夹明镜，双桥落彩虹"之意境为桥名。豳风桥毗邻玉河斋、延赏斋等耕织图中的主要点景建筑，桥亭为重檐四脊攒尖方顶。本节所收入的老照片中的西堤诸桥与现在的面貌大致相同，只是周边环境有所差异。

清漪园时期的荇桥

1875年／托马斯·查尔德

    荇桥位于石舫北侧，始建于乾隆年间，是一座三孔石桥。桥以水中荇藻命名，东西向跨越在万字河上。荇桥在1860年得以幸存，照片中还可以看到荇桥北侧未被烧毁的转角房。

壹

贰

壹

颐和园时期的荇桥
1912年 / 阿尔伯特·卡恩

　　光绪时期的荇桥为花岗岩石桥基，桥上长方形重檐桥亭，面阔三间方梅花柱，桥下三孔分水桥洞，中间的桥洞宽大、高敞，桥洞南北两边的分水金刚墙为棱柱式样，棱柱顶上雕成建筑斗拱，上面各雕一只石狮。

贰

颐和园时期的荇桥
1912年 / 阿尔伯特·卡恩

　　光绪十八年（1892年）重新修缮的荇桥两侧各有一座牌楼，照片中可见其中东牌楼西向题额为"霈香"。

壹

贰

叁

壹

颐和园时期的荇桥

1912年／阿尔伯特·卡恩

从万字河西侧看荇桥和两座牌楼，远处能看到画中游建筑群。

贰

荇桥牌楼

1912年／阿尔伯特·卡恩

此牌楼为荇桥东牌楼，四柱三楼，上有正脊、吻兽，青石台基，牌楼石额上"蔚翠"两字为乾隆所题。

叁

颐和园时期的荇桥

20世纪20年代／佚名

照片中的荇桥似乎有些歪闪变形，桥板溜皮脱落。桥下种满了芦苇、荷花等水生植物。

清漪园时期的半壁桥
1875年 / 托马斯·查尔德

半壁桥位于昆明湖和后溪河的交界处。桥面不设栏杆，取而代之的是清漪园的园墙，园墙从宿云檐北面东西两侧出发，经半壁桥向北延伸，西侧与清漪园西宫门园墙相接，东侧与清漪园北墙相接。光绪重修颐和园时，园墙拓展到西堤之外，便将桥面的园墙拆除，改设栏杆。从桥洞中可以看到远处残破的界湖桥。

壹

贰

壹

半壁桥

1912年/阿尔伯特·卡恩

　　半壁桥单孔拱形，汉白玉勾栏式桥栏板，单面台阶38步，是通往万寿山西部的必经之道。照片中的半壁桥畔蔓草荒烟，一人孑立河岸，可能是当年的园户。

贰

半壁桥

1912年/阿尔伯特·卡恩

　　照片中的半壁桥垂柳掩映，远处可见西山景观。

半壁桥

20世纪30年代 / 赫达·莫理循

　　从西向东望半壁桥，还可看见万寿山
后山高大的油松和云会寺、智慧海等建筑。

壹

贰

壹

苏州街

19世纪60年代 / 约翰·德贞

　　清漪园万寿山后山买卖街，照片中可见劫余的慈福牌楼以及三孔石桥下南北两侧的店铺废墟。三孔石桥西南侧还有一座贴桥而建的2层楼式店铺。

贰

苏州街三孔石桥

1912年 / 阿尔伯特·卡恩

　　苏州街的中心是一座三孔石桥，跨越在后溪河的南北两岸，汉白玉栏杆，花岗岩桥基，桥面中央有御路石。从石桥南望，能看到慈福牌楼只剩下夹杆石。

壹

贰

壹

苏州街三孔石桥
1912年 / 阿尔伯特 · 卡恩

　　三孔桥建于乾隆时期，咸丰十年（1860年）未被焚毁，它与北宫门同处在后山中轴线上，也是乾隆时期万寿买卖街的中轴线。桥占地面积233.27平方米，60余家店铺就分布在石桥两侧的湖岸上。

贰

苏州街
1912年 / 阿尔伯特 · 卡恩

　　后溪河两侧湖岸荒草丛生，河岸两侧的买卖街建筑大都毁损殆尽，远处可见河岸中段的三孔石桥。

壹

贰

壹

苏州街小石桥

1912年／阿尔伯特·卡恩

　　照片中可见被焚毁后的买卖街的残垣断壁，两岸街市建筑无存，杂草丛生，仅可见连接寅辉城关的小石桥，小桥北侧有一单拱形石质建筑，其上雕有兽首。1990年复建买卖街，改名苏州街，恢复了两岸建筑形制，小型单拱桥上添木质栏杆。

贰

苏州街三孔石桥

20世纪20年代／西德尼·戴维·甘博

　　三孔石桥下两侧的店铺废墟已无存，桥南端慈福牌楼只剩夹杆石。

壹

贰

壹

苏州街三孔石桥
20世纪20年代 / 兰登·华尔纳

三孔石桥附近的遗存破败程度加剧，铺面房、牌楼等已消失。

贰

苏州街小石桥
20世纪30年代 / 赫达·莫理循

被焚毁的苏州街遗迹。仅剩小石桥孤单的立于水中，周边杂树丛生，一片荒芜。

壹

贰

壹

十七孔桥

1866年/莫拉什

　　十七孔桥横跨在东堤和南湖岛之间，始建于乾隆年间，桥长150米，宽8米，由17个券洞连续而成，是园内最大的一座桥。经历了英法联军破坏后，南湖岛上的建筑大都焚毁，十七孔桥幸免于难，桥体完整地保存了下来。

贰

十七孔桥

1871年10月/约翰·汤姆森

　　遭受劫难后的十七孔桥，远处能看到只剩下基座的佛香阁遗址。

贰

十七孔桥

1878年 / 托马斯·查尔德

　　十七孔桥全貌。远处可见林木稀疏的万寿山和被烧毁的佛香阁石基，以及保存相对完好的众香界牌楼和智慧海建筑。近处可以看到与昆明湖自然过渡的东堤南部。

贰

十七孔桥

1880—1890年 / 佚名

　　廓如亭又名八方亭，位于十七孔桥东端，平面呈八方形，每面显三间，周围有廊。廓如亭重檐八脊攒尖圆宝顶，亭中共有40根柱子作为支撑，是园内最大的一座亭子。照片中能看到幸存下来的廓如亭，亭子周围晾晒有大量芦苇。

壹

贰

十七孔桥

1912年／阿尔伯特·卡恩

　　颐和园时期的十七孔桥。桥体以青石
筑成，汉白玉栏杆，桥栏的望柱上共雕有
神态各异、大小不同的石狮544只，桥的
两端各有两只石刻异兽，形象威猛，极为
生动。

壹

十七孔桥

1885—1895年／佚名

　　从东堤望十七孔桥和南湖岛，十七孔
桥头放有拒马，南湖岛上能看到零星残存
的建筑。

南湖岛

19世纪60年代 / 约翰·德贞

　　从昆明湖望南湖岛，涵虚堂只剩下一
座宽阔的月台及八字形的转角台阶。

壹

贰

壹

南湖岛涵虚堂

民国时期 / 佚名

　　重修后的南湖岛涵虚堂，坐南朝北，面阔五间，北面接抱厦三间，周围有廊，勾连搭歇山式屋顶，上有吻兽。涵虚堂南面阶下有一月台，四周围以汉白玉雕栏。石阶之下有一石洞，洞门额曰"岚翠间"。

贰

南湖岛涵虚堂

民国时期 / 佚名

　　南湖岛上的涵虚堂，东侧叠石山上尚有休闲石桌、石凳及栏杆。

壹

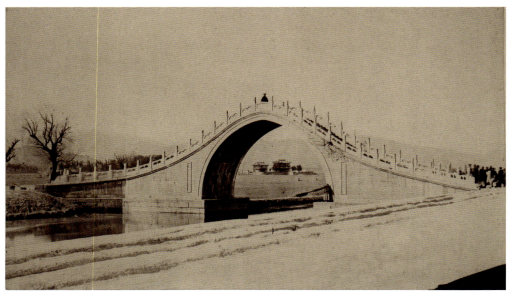

贰

绣漪桥

1866年 / 莫拉什

　　绣漪桥，在昆明湖南端与长河的交汇
处，是连接东堤与西堤、长河与昆明湖的
水陆交通要道。清朝帝后从水路经长河来
园必 过此桥，因此采用了便于画舫通行的
高拱石桥。照片中可见幸存下来的绣漪桥
和东堤上的堤路及昆仑石碑。

贰

绣漪桥

19世纪60年代 / 约翰·德贞

　　绣漪桥上有人在临桥远眺，桥下、桥
头有一群人。从桥洞能看到遗存的景明楼。

壹

贰

壹

绣漪桥

1877年／托马斯·查尔德

　　绣漪桥的另一角度照片，桥洞中的景色又是另一幅画面。

贰

绣漪桥

1879年／赖阿芳

　　绣漪桥，有人在临桥远眺。从桥洞中可以看到东堤上的昆仑石碑。

绣漪桥

1902年 / 瓦德马尔·蒂格森

　　绣漪桥位于昆明湖南端与长河的交汇处，始建于乾隆年间，是东堤与西堤的分界点。桥东西向坐落，汉白玉单拱桥身，高约9米，有60个望柱，62块栏板，单侧有43级青石台阶，是园中最高的桥梁。透过桥拱能看到桥北侧东堤上有昆仑石碑一座，石四面阴刻乾隆帝御笔行书御制诗；石碑北侧有一座三间四柱三楼牌楼，牌楼现已不存，仅留有夹杆石。

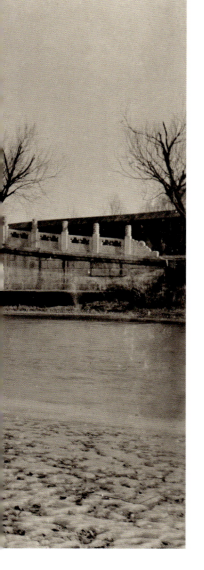

昆明湖南端的绣漪桥

民国时期／佚名

　　绣漪桥是昆明湖与长河的连通之建。照片中的绣漪桥形制完整，为单孔拱桥。桥西可见草亭一座，南岸有成行列植的旱柳。

壹

贰

壹

西堤玉带桥

20世纪初 / 佚名

　　玉带桥始建于乾隆年间，与绣漪桥形状相仿，是西堤上唯一一座单孔高拱石桥，桥身用汉白玉和青石砌成，高约8.7米，有60根望柱、62块栏板，单侧有38级台阶，建筑面积335.22平方米。

贰

玉带桥

民国时期 / 佚名

　　玉带桥的桥体拱高而薄，形若玉带，弧形的线条十分流畅。洁白的桥栏望柱上，雕有各式向云中飞翔的仙鹤。东立面正中栏板上镌刻石额"玉带桥"，是当年乾隆帝从昆明湖乘船到玉泉山的通道。照片中可以从桥洞中看到颐和园的虎皮园墙和墙边列植的高大乔木。

壹

贰

壹

镜桥
民国时期 / 佚名

　　镜桥始建于乾隆年间，以唐朝诗人李白"两水夹明镜，双桥落彩虹"的诗句得名，咸丰十年（1860年）桥亭被毁，光绪时重修。镜桥为一平两坡式，一方形桥孔。桥亭八角重檐攒尖顶，照片中镜桥乱草侵阶。

贰

豳风桥
民国时期 / 佚名

　　豳风桥始建于乾隆年间，原名桑苎桥，咸丰十年（1860年）被毁，光绪时重修。桥亭长方形，重檐四脊攒尖方顶，面阔三间。桥西侧可见园墙。

陈设器用

第三章

陈设器用

作为中国最后一个封建王朝倾力兴建的最后一座大型宫苑，颐和园在掇山理水、建筑布局、花木配置等方面都达到了极高的成就，而与园林、建筑相互依存的陈设，同样是琳琅满目，精美绝伦。园内陈设涵盖佛像、书画、古玩、钟表、家具、铺垫、帐幔、日常用品以及各种露天铸铜、湖石、石刻等物。此外，还有为满足皇室出行游览的船只、车舆器具。由于不同年代的国势强弱、园林功能、建筑风格及帝后喜好之不同，不同时期的园林陈设种类、数量、管理方法也有所不同。

清漪园时期

清漪园时期的陈设，盛于乾隆、嘉庆，衰于道光，毁于咸丰，荒于同治。乾嘉时期，国势鼎盛，乾隆帝又精于鉴赏，对文玩多有搜罗，加之专门制作、调集互换和臣僚进贡，清漪园汇集了大量珍贵精美的陈设，记录在册的陈设数量多达四万余件。在嘉庆十五年（1810年）十一月二十七日的清漪园现存陈设清单中开列了详单，共存陈设四万六百二十件，包括御笔字臣工字书墨刻书籍册页手卷、玉银铜磁石佛、镌胎增胎画像佛、米珠白玉珊瑚蜜蜡催生石木子琉璃朝珠念珠、金银玉铜磁玻璃漆木象牙绢供器、玉器、铜器、磁器等十九大类。

道光二十年（1840年）鸦片战争后，国势大衰，为缩减经济开支，收存了清漪园内一些陈设物品，陈设档中也频繁出现裁撤、毁坏陈设的记载。从相关统计数目中也能看到具体变化，道光五年（1825年）十一月初七日的清漪园现存陈设清单记载园内陈设为四万四十一件，种类为十九大类；道光六年（1826年）三月初十日，陈设数量增至四万一百五十五件，种类不变；道光二十五年（1845年）十一月初十日的五年例查中，清漪园实存陈设增至四万二千七百六十六件，这个数字已经超过乾嘉时期，不过陈设种类却锐减为十二大类，多为御笔册页、佛像供器之物，大量精美的玉器、铜器、瓷器和漆木家具、摆件等已不见踪影。

咸丰十年（1860年）英法联军入侵，清漪园陈设被掠一空，珍贵文物基本无存。此后的清漪园陈设档主要是对园林现存陈设以及残缺不全陈设、坍塌空闲房间的统计。如同治四年（1865年）十一月初九日的三园陈设清单中载，园内完整陈设四千七百三十五件，破坏不齐的陈设有五百三十件，包括御笔字画臣工字画匾对墨刻书籍册页手卷、铜瓷佛镌胎增胎画像佛、玻璃铜漆木供器、玉铜瓷器、如意瘿盒、漆木宝座龛案椅机插屏挂屏、毡片竹帘凉席等，无论是陈设类别还是数目均远逊于前朝。

清漪园时期，清廷非常重视对陈设的清查和管理，清查陈设的工作由内务府负责，内务府大臣每年年终须清查园内陈设一次，将清查数目汇总呈览，每五年彻底查验一次，并换造新册二份。查点的同时，将园中陈设依建筑为单位登记造册，共记三十六卷，陈设清册对陈设的种类、数量以及安放的具体位置都有非常详尽的记录；对室内结构也有细致的描绘；对陈设的添安和裁撤情况亦有明确记录，是研究清漪园陈设、建筑及其沿革的珍贵史料。清漪园被毁后，虽然园内陈设大为减少，但咸丰、同治、光绪三朝仍基本遵循五年清查的制度。

颐和园时期

重修颐和园已耗费清政府大量财政资金，清廷再也无力为园林专门制作陈设，而是在沿用清漪园陈设旧物的基础上，运用各种途径从中南海、圆明园等处调集陈设。此后，慈禧太后更是以祝寿为名极力搜罗奇珍异宝，档案中存有慈禧太后六旬、六十五岁、七旬、光绪帝万寿庆典所贡盆景、宝座、围屏、插屏等贡品清单，种类繁多，无奇不有，园内陈设再度充实。但由于清朝国力今非昔比，慈禧太后的艺术修养亦远逊于乾隆帝，颐和园陈设的价值与品味较清漪园时已经逊色。

清末，颐和园延续了清漪园时期的陈设清查保管制度，颐和园等处陈设物件造印册两份，存收园内一份，送交内务府一份，以备查点陈设之年互相稽核。每年由内务府拣派司员查核一次，每遇五年奏派总管内务府大臣查核，清查人员需将管理颐和园等处事务大臣除外。现存颐和园陈设档主要记录对颐和园等三园陈设的清查以及陈设的添安，陈设清册按类别区分，仅对陈设数量进行统计，不再开列

详细清单，有些陈设档对陈设物品进行编号管理，与清漪园陈设档相比，颐和园陈设档的内容不够详实，陈设清查也不如前朝细致。

民国时期局势动荡，园林的管理隶属变动频繁，对园内陈设的管理清查也比较混乱。民国政府接收颐和园时仅接收了各殿宇的钥匙，并未对封存在各殿堂的珍贵文物进行查点，在之后的日常管理中还曾发生过徇私舞弊事件。1928年，颐和园第一次由上级明令开殿清查，逐件粘贴号签，造具详细簿册，遗憾的是在档案中并未发现这次清查的簿册。1929年，为筹办陈列馆、图书馆，市政府指令再次清查，并聘请专家进行文物鉴定，登记了较为细致的陈设簿册，但是此次造册只限于选择陈列之物品，因此仍然没有对接收清室遗留全部陈设物品的全面完整记载。此后历任所长交接时也基本是以陈列馆、图书馆陈设清册为底本，循例选具《颐和园图书古玩清册》存查。

在颐和园（清漪园）遭受的三次外患中，园林陈设也同样遭到严重打击，其增减损益也折射出近代中国的兴衰历程。清漪园时期的园林陈设器具状况如今只能借助档案记载一窥究竟，而得益于摄影术的发明，清末民国时期的颐和园陈设器具情形可与文字档案互相印证。本章收录53张老照片，根据陈设器具的安放位置、功能不同，从殿堂陈设、露天陈设、出行器具三个方面展示颐和园陈设器具面貌。

第一节 殿堂陈设

与精美的园林景观相呼应，建筑内部的陈设布置也相当讲究，不仅要考虑建筑的尺寸、功能以及主人的品位、地位，还要随时令、节庆的变化而更换。颐和园殿堂、佛寺集中分布在宫廷区，其内部陈设虽各具风格，但无不精致华丽。民国时期，颐和园殿堂陈设陈列方式和陈列物品几经变革，逐渐从原状陈列过渡到分类展示，陈设功能也从满足礼制、生活需求变为展览展示。本节收录 17 张老照片，展示佛香阁、排云殿、仁寿殿、乐寿堂、玉澜堂五处的室内陈设情形。

佛香阁

佛香阁的功能是祭祀、祈福，内部陈设以佛像、神像为主。清漪园时期，佛香阁主佛像是镂胎站像千手大悲菩萨，颐和园时改为一层塑泥胎接引佛一尊，左右塑阿难、迦叶各一尊，佛像背后悬挂慈禧书写的"寿"字。本节收录 2 张拍摄于八国联军占领期间的老照片，照片中东侧阿难塑像缺失，供桌抽屉被打开，桌上凌乱地堆放着供器和一些小摆设，展示了劫掠后的混乱场景。本节还收录 4 张拍摄于清末民国时期的老照片，通过对比发现佛像似进行过修缮，佛像衣饰、手势等与之前略有不同；后期因为管理、维护不到位，佛香阁内部落满尘土，佛像出现了残缺，佛像后悬挂的"寿"字也破败不堪，供器种类不断减少，甚至在佛像和周边张贴广告和宣传标语。

排云殿

排云殿是慈禧太后举行万寿庆典接受贺拜的地方，殿内各类陈设以寿字为主题，大多数是王公大臣进献的寿礼，逢庆典时还要额外布置喜庆陈设，如搭彩殿、扎彩棚、安挂灯只和吉祥匾对等。排云殿面阔五间，两山有连廊复道接面阔三间的顺山殿，庞大的建筑体量，使其成为园内陈设最多的一处殿堂。民国时期，排云殿、玉华殿、云锦殿、紫霄殿、芳辉殿等处陆续被辟为陈列馆，选提园内珍贵精品陈列，陈列物品则按照分类摆放在殿内各处内檐装潢和家具上。本节收录 5 张老照片，展示了清末民国时期排云殿及配殿的内部陈设情况。在 3 张排云殿明间的照片中，能清晰地看到虽然大致布局相同，但宝座、屏风、地平床上的摆设、内檐匾额贴落乃至屋顶悬挂的吊灯均不同。另外 2 张照片展示了排云殿后殿、玉华殿陈列物品情形，与现今情况也略有不同。

仁寿殿

仁寿殿原名勤政殿，在乾隆、光绪时期均为皇帝临朝理政之所，其陈设主体布局大致相同，但陈设的物品各异，光绪时期殿内陈设要更为豪华，据相关档案记载，仁寿殿曾经摆放的陈设多达 561 项 1257 件。民国时期，仁寿殿保持原状陈列售票开放。本节收录 3 张清末民国时期仁寿殿内景老照片，照片中仁寿殿明间的格局大致相同，均为正中设地平床，摆放宝座、屏风、鸾翎宫扇、景泰蓝象等，宝座上方悬挂"寿协仁符"匾额，丙侧各有一个"寿"字。

乐寿堂

清漪园时期，乐寿堂内部两旁做成仙楼，堂内陈设以满足起居、礼佛为主。颐和园时期，乐寿堂作为慈禧太后的寝宫，室内装饰陈设富丽堂皇，堂内檐悬挂有 10 余块匾，多为祝福取吉之意，如"慈晖懿祉""画图金碧""万寿无疆""惠蔼和风"等。据陈设档记载：乐寿堂中有总计 416 项 872 件陈设物品。民国时期，乐寿堂保持原状陈列开放。本节收录 2 张乐寿堂老照片，一张为明间内景，一张为西侧寝室内景。照片中可见明间陈设宝座、御案、屏风、掌扇、几座、青花大瓷盘、镀金大铜炉等，屋顶悬挂五彩玻璃吊灯。

玉澜堂

清漪园时期，玉澜堂是乾隆帝的书房，陈设布置也主要是满足书房的需要。嘉庆皇帝曾在这里办公、用膳、召见大臣。道光年间，为节俭开支，撤销了一些陈设，这里被用来赐宴。颐和园时期，玉澜堂成为光绪帝的寝宫，然而殿堂中仅有家具等日常用品而极少文玩装饰。据陈设档案记载，玉澜堂内曾经摆放的陈设只有 105 件，以家具为主，摆件仅有 16 件。民国时期，玉澜堂保持原状陈列开放。本节收录 1 张老照片，展示了民国时期玉澜堂明间内景，殿内正中设地平床、宝座、掌扇、围屏、香几、香炉等陈设，屋顶悬挂玻璃宫灯、西洋吊灯，整体风格素雅简洁。

壹

佛香阁内景

1900年 / 佚名

　　重修颐和园时，在佛香阁一层塑泥胎接引佛一尊，左右塑阿难、迦叶各一尊，佛像背后悬挂慈禧书写的"寿"字。照片拍摄于八国联军占领颐和园后，可以看到佛像尚完整，供器尚全，供桌上凌乱堆放一些小物件，抽屉有缺失。

贰

佛香阁内景

1901年 / H.C. 怀特

　　照片呈现了佛香阁遭劫掠后的景象，几名联军士兵站在佛像台基上，东侧的阿难塑像缺失，供桌抽屉全无，只余零星几件供器。

叁

佛香阁内景

民国时期 / 佚名

　　1902年两宫回銮后，动用巨款修缮被八国联军破坏的颐和园。照片中接引佛左手托钵，其衣饰及阿难的手势略有变化，供器类别较之前少，供桌、器物上落满灰尘。

肆

佛香阁内景

20世纪30年代 / 赫达·莫理循

　　佛香阁内部失修失养严重，佛像右手残缺，其背后悬挂的"寿"字已破败不堪。

壹

贰

壹

佛香阁内景

民国时期／佚名

　　照片中接引佛右手残损，左手托物已经缺失，被放入"吸烟灭火"的牌示，佛像背后悬挂的"寿"字大幅剥落。台基上站立一名外国水兵。

贰

佛香阁内景

民国时期／佚名

　　佛像背后悬挂的"寿"字几近完全剥落，下部疑似出现文字刻画。

壹

贰

壹

排云殿内景

1902年 / 瓦德马尔·蒂格森

　　排云殿是慈禧太后举行万寿庆典接受贺拜的地方，殿内陈设注重皇家宫殿的礼制形式。照片中正殿明间地平床之上除摆放宝座及装饰华丽的屏风外，并无其他陈设。

贰

排云殿内景

民国时期 / 佚名

　　照片中排云殿正殿明间仍保持地平床、宝座、屏风的基本设置，然器物形制均发生变化。此外，地平床上及周围还增添了桌案、掌扇、香炉、珐琅鹤灯等陈设。

壹

贰

排云殿内景

民国时期 / 佚名

　　采用套色制版印刷的彩色明信片，在黑白照片的基底上加入绚丽多彩的颜色，使画面更为形象生动。照片为排云殿正殿明间陈设。

排云殿内景

民国时期 / 佚名

　　排云殿面阔五间，两山有连廊复道接面阔三间的顺山殿，庞大的建筑体量，使其成为园内陈设最多的一处殿堂。照片为排云殿后明间及西侧顺山殿内陈列物件。

壹

贰

壹

玉华殿内景
民国时期 / 佚名

　　1930年，在对殿堂陈设清查的基础上，选提珍贵精品按照木器、磁器、钟镜、帐幔及铜铁古玩等类别进行展示，排云殿、德晖殿、玉华殿等六处被辟为陈列馆。照片中展示了玉华殿的陈列物品。

贰

仁寿殿内景
1901年 / 阿方斯·穆莫·冯·施瓦茨思斯坦茨

　　仁寿殿是颐和园听政区的主体建筑，殿内陈设较清漪园时的勤政殿更为豪华，据陈设档记载，殿内摆放的陈设多达561项1257件。照片中明间正中设地平床，其上及两侧安放宝座、掌扇、珐琅鹤灯、珐琅亭式香筒、桃式大铜炉等陈设。

仁寿殿内景
民国时期 / 佚名

　　仁寿殿名称取《论语》中的"仁者寿"之意，其内部陈设也蕴含"寿"的寓意。如明间悬挂题为"寿协仁符"的匾额，宝座后摆放嵌镜面描金百寿字红木座屏，后间南北两侧各悬挂一幅慈禧太后御笔书写的"寿"字。照片中地平床两侧摆放的陈设物品与之前不同。

仁寿殿内景
民国时期/佚名

　　仁寿殿是慈禧太后和光绪帝住园期间临朝理政、接受恭贺和接见外国使节的场所。殿内明间正中有地平床，设象征封建皇权的九龙宝座，两侧悬挂的楹联"星朗紫宸明辉腾北斗，日临黄道暖景测南荣"，寓意帝王自勉，也是歌颂帝业的辉煌。

壹

贰

叁

壹

乐寿堂内景
民国时期／佚名

　　光绪时期，乐寿堂是慈禧太后在园内的居住之地，室内陈设富丽堂皇。照片中明间中央陈设一组用紫檀雕造的宝座御案，宝座后列一堂用象牙和螺钿镶嵌的玻璃镜屏风，一对孔雀羽毛掌扇插列宝座两侧，宝座两旁设有两只青花大瓷盘，四周有四只镀金九桃大铜炉，门内两侧摆放用紫檀木制造的鱼桌，桌内镶嵌着用象牙和紫檀木雕镂的亭台楼阁、山水人物，可放养金鱼。

贰

乐寿堂寝室内景
民国时期／佚名

　　据陈设档记载，乐寿堂陈设共计416项872件，种类繁多琳琅满目。民国时期，乐寿堂保持原状陈列开放。照片为西间寝室内景，可以看到北墙面南安放一张包厢床，西墙挂玻璃寿字挂屏、楹联等装饰，地上设硬木翘头案，上安玻璃罩自鸣钟、葫芦瓶等，另有桌椅、鱼桌等家具。

叁

玉澜堂内景
民国时期／佚名

　　光绪时期，玉澜堂是光绪帝的寝室，1898年戊戌变法失败后，光绪帝被软禁在此。殿堂中仅有家具等日常用品，而极少文玩装饰，据陈设档记载，堂内曾经摆放的陈设仅有105件，以家具为主。照片中明间正中设地平床，上安宝座、屏风、掌扇、花几、珐琅亭式香筒等，屋顶悬挂玻璃宫灯、西洋电灯，整体风格素雅简洁。

第二节　露天陈设

　　皇家园林的陈设不仅着眼于建筑内部，在广大的露天区域内也装点着非常精美，能代表皇家风范和体现等级仪轨的陈设器物。这些露天陈设虽较之殿堂、佛寺内部陈设而略为随意，然亦非常精致典雅，它们与山、水、花木、建筑相映相衬，起着成景、点景的作用。颐和园露天陈设包括铸铜、碑碣、石雕石刻等类别。本节收录23张老照片，从重要区域入手，展示了露天陈设中的精品。

仁寿殿庭院

　　庭院内露天陈设包括太湖石峰、铸铜、露陈墩。仁寿殿位于政务区和宫苑区的交界处，按皇家规制必须加以屏障以严内外之别，故仁寿殿后叠石成屏，成为障景。

　　庭院内外共陈列7座太湖石峰，其中仁寿门外有2座太湖石，下承石座；门内正中太湖石又称"寿星石"，高4米，最大长3.90米，最大宽2.1米，周围石栏；仁寿门内庭院陈列4块太湖石又称四季石，其中仁寿殿前西南角太湖石，石座呈八角形，上刻乾隆五年（1740年）御制诗。

　　殿前露台上，陈列铜龙凤各2座，上有款识"光绪年制""天地一家春"。龙作奔走状，置于水波纹铜座上，铜座左右饰人物图案，前后为蕉叶、方胜、万字、双钱纹饰，铜座下承石束腰座，饰吉祥卷草纹。凤作行走状，张口，尾下拖置于山式铜座上，铜座下承石束腰座，饰吉祥卷草纹。2座铜缸外侧铸有"光绪年制""天地一家春"款识。缸腹部有金色万字、寿字图案，左右双兽衔环处有小鎏金万字、寿字图案，下承素圆石座，座为四块拼成。月台前沿陈设4只铜铸鼎式香炉，六角亭式，三足，炉腹饰饕餮纹，耳两侧饰回纹，正面有款"大清乾隆年造"，炉下圆形束腰石座。

　　庭院中央陈放一座铜麒麟，它呈坐蹲式，前肢直立，后肢弯曲，全身饰鳞片，头部铸有"大清乾隆年制"款识。麒麟是民间传说中的瑞兽，为怪兽状：龙头、狮尾、鹿角、牛蹄，体态生动，下承汉白玉石须弥座，饰莲瓣卷草纹。1937年6月从圆明园遗址移来。南北配殿前曾各陈列2座露陈墩。

　　本节收录6张老照片，展现了仁寿殿庭院清末民国时期露天陈设的变化情况，反映了不同时代背景下的园林露天陈设特点。

乐寿堂庭院

　　庭院露天陈设以太湖石峰、铸铜、露陈墩为主。堂前陈列铜鹿1对，鹿作奔走回首状，全身散布线刻梅花，背有盖，右前足抬起，其他三足踏铜山座，铜山下有水波纹。石座长方形束腰。铜鹤1对，鹤停立，作长鸣状。全身分两部，从腿部衔接，踏山形铜座，下置石束腰须弥座，饰莲瓣图案。铜瓶1对，瓶膛凸出，上铸松树、仙鹤、芝桃。均铸造于光绪年间。铜缸1对，腹部有金色万字、寿字图案。左右双兽衔环处有小鎏金万字、寿字图案。下承素圆石座，座为四块拼成。铸铜均铸于光绪年间。

庭院中央陈放一座巨大山石，石上刻有御题"青芝岫"三字，东曰玉英，西曰莲秀，石上还刻有汪由敦、蒋溥、钱陈群等大臣题字。青芝岫两侧各陈列1座太湖石，下配石座。庭院内外曾陈列14座露陈墩，石座形状有圆形、方形，主要图案有寿山、卷草、蝙蝠、牡丹、麒麟、松树、梅芘鹿、仙鹤等，配饰图案有万字纹、"巴达马"、祥云等，寓意富贵吉祥、长寿富贵等。本节收录8张老照片，展示了乐寿堂庭院不同时期、不同方位的露天陈设情况及变化，也侧面反映了庭院植物配置以及东西配殿功能的变化。

玉澜堂庭院

庭院内外陈设以露陈墩和太湖石峰为主，玉澜门两侧陈列一大一小2块赏石，被形象地称为"子母石"；院落内曾陈列12座露陈墩，正殿、东西配殿前各4座，石座形状以圆形为主，有1座矩形，1座六边形，雕刻图案有祥云蝙蝠、寿带、毛笔、桃子、如意等，花纹有宝相缠枝纹、卷草缠枝纹、万字纹等，寓意吉祥富贵、必定如意、福寿。本节收录3张老照片，展现了玉澜堂庭院内外陈设情况。

铜牛

铜牛陈放在昆明湖东堤，铸于清乾隆二十年（1755年），高1.14米，长1.75米，宽0.84米，下承石制海波纹椭圆形须弥座，牛背镌乾隆帝御制金牛铭。在1860年的清漪园劫难中，铜牛虽因特殊材质并未完全焚毁，但尾巴断裂，牛身表面的铜质也多处斑驳脱落。颐和园重修前，铜牛一直处于废弃的状态，周身堆满泥土杂草，也曾在其周边堆砌砖墙用于防护隔离。民国时期，对铜牛采取过加石质围栏和铁丝网罩的保护方式。本节收录6张老照片，展现了不同时期铜牛的状况。

壹

贰

壹

仁寿殿庭院

1900年 / 佚名

　　仁寿殿位于政务区和宫苑区的交界处，庭院露天陈设包括太湖石峰、铸铜露陈墩等。照片为八国联军占园期间的仁寿殿庭院，可以看到位于仁寿门内正中的太湖石峰，此石是光绪十二年（1886年）重建颐和园时从墨尔根园（现在的北京大学校内）移来，色青而润，造型奇异，状如寿星，俗称寿星石。

贰

仁寿殿庭院

1912年 / 阿尔伯特·卡恩

　　仁寿殿面阔七间，进深五间，周围有廊，歇山式屋顶。殿前露台陈设带"光绪年制""天地一家春"款识的铜龙、铜凤、铜缸各一对，另有四只"大清乾隆年造"的铜鼎炉。

壹

贰

叁

壹

仁寿殿庭院
20世纪30年代 / 赫达·莫理循

　　仁寿殿庭院由仁寿殿、南北配殿和仁寿门围成。照片中仁寿殿北侧的延年井上建有一座小井房,西北侧还有一座小值房,这两座小建筑早已无存。

贰

仁寿殿庭院
民国时期 / 佚名

　　仁寿殿前铜龙作奔走状,置于水波纹铜座上,下承束腰石座,铜凤作行走状,尾下拖置于山式铜座上,下承束腰石座。照片中铜龙凤外加铁丝网罩,此外,能看到北牡丹花台东侧留有石阶。

叁

铜麒麟
民国时期 / 佚名

　　麒麟是民间传说中的瑞兽,龙头、狮尾、鹿角、牛蹄,全身鳞片。照片中可见铜麒麟头部犄角、腿部等处残缺,修复后陈列在仁寿殿庭院中央。

壹

贰

壹

仁寿殿庭院
民国时期 / 佚名

据档案记载，民国26年（1937年）五月三十一日，将圆明园内文源阁遗址的太湖石四座连同二宫门外狻猊石座一份运至颐和园，安置于仁寿殿前。照片中可以看到陈放在仁寿殿庭院中的太湖石和铜麒麟。

贰

乐寿堂庭院
清末 / 佚名

乐寿堂庭院由水木自亲殿、乐寿堂、东西配殿、后罩殿、东西跨院、游廊及值房组成。照片中可以看到东西配殿原为封闭殿堂，后为方便参观游览而改为穿堂殿。

壹

贰

壹

乐寿堂庭院

1912年／阿尔伯特·卡恩

乐寿堂始建于乾隆年间，光绪重建后建筑规模比以前缩小。照片中可见乐寿堂门窗封闭，悬挂棕帘，门上贴有封条。乐寿堂前陈设铸造于光绪年间的铜鹿、铜鹤、铜瓶、铜缸各一对。

贰

乐寿堂庭院

民国初期／佚名

乐寿堂铜鹿作奔走回首状，全身散布线刻梅花。背有盖，右前足抬起，其它三足踏水波纹铜山座，下承长方形束腰石座；铜鹤停立，作长鸣状，全身分两部，从腿部衔接，踏山形铜座，下置束腰须弥石座。

乐寿堂　Le Shou T'ang

乐寿堂庭院

20世纪20年代 / 佚名

　　照片中可见乐寿堂门上封条被打开，支摘窗支起，堂前除陈列铜鹤、铜鹿、铜瓶、铜缸外，另有一件石日晷。

壹

乐寿堂庭院
民国时期 / 佚名

照片中乐寿堂棕帘收起，堂前陈列铜鹤、铜鹿、铜瓶、铜缸，其中铜鹤、铜鹿外加铁丝网罩保护。

贰

乐寿堂庭院
20世纪20年代 / 兰登·华尔纳

乐寿堂庭院中央陈放着一座巨大的山石，石上刻有御题"青芝岫"三字及乾隆十六年（1751年）作青芝岫七言古诗一首，山石东曰"玉英"，西曰"莲秀"，还刻有大臣题字。青芝岫两侧各陈列一座太湖石，下配石座。照片中乐寿堂庭院花木繁茂，青芝岫被浓密的藤蔓植物覆盖，东西两侧的翠柏外加栏杆保护。

壹

贰

壹

水木自亲殿

1912年 / 阿尔伯特·卡恩

　　水木自亲殿前临昆明湖码头，歇山式屋顶，侧面有白粉墙，墙上装饰什锦玻璃灯窗。光绪十八年（1892年）添建"龙灯杆"，上绘金色云龙，两杆顶横安夔龙纹镀金铜梁，灯杆上的绳线用来悬垂照明用的大汽灯，灯杆下陈列一件石质日晷。

贰

水木自亲殿

20世纪20年代 / 佚名

　　光绪时期，穿堂殿水木自亲是乐寿堂的宫门，是慈禧太后从水路出入颐和园上下船的地方。民国时期，水木自亲殿曾作为售卖各种酒水、咖啡、茶点、纸烟等物的茶室。

i MU Tzu Chien Tai CH'Usq SHAA

壹

贰

玉澜堂庭院
民国时期 / 佚名

　　玉澜堂名语出晋代诗人陆机的诗句"玉泉涌微澜",清漪园时是乾隆帝的书堂,重修颐和园后成为光绪帝的寝宫。正殿玉澜堂,面阔三间,建筑面积179.1平方米,外带东、西耳房各两间。

玉澜堂庭院
民国时期 / 佚名

　　玉澜堂庭院内外陈设以露陈墩和太湖石峰为主,照片中玉澜堂正殿门窗上贴有封条,殿堂处于封闭状态。

玉澜堂院落外景

民国时期／佚名

玉澜堂庭院西部紧邻昆明湖，照片中
堤岸北侧是石质栏杆，南侧为木质栏杆。

壹

贰

叁

壹

铜牛

19世纪60年代 / 约翰·德贞

　　铜牛石座上长满杂草，周围垒砌砖墙。

贰

铜牛

19世纪70年代 / 佚名

　　铜牛周围堆放干草。

叁

铜牛

1870—1880年 / 托马斯·查尔德

　　铜牛铸于乾隆二十年（1755年），牛身用青铜铸造而成，高1.14米，长1.75米，宽0.84米，下承汉白玉雕凿的海波纹椭圆形须弥石座，牛背上铸篆文乾隆御笔《金牛铭》。照片中的铜牛尾折断，基座上堆满泥土和树枝。

壹

贰

叁

壹

铜牛

民国时期 / 佚名

　　铜牛尾已被接上，台基周围加汉白玉石护栏。不远处的园墙能清晰地看到加高的痕迹。

贰

铜牛

民国时期 / 佚名

　　铜牛基座石栏杆多处破裂，有修整痕迹，能看到新建宫门"舒云"牌楼和东堤昆仑石碑。

叁

铜牛

民国时期 / 佚名

　　据档案记载，1930年，铜牛外加铁丝网罩。

第三节 车舆船驾

古代帝后出行有特定的仪仗和器具，目的是"明制度，示等级"，凸显皇家气派。有清一代，随着西北郊一批园林的修建，帝后经常往返于紫禁城和御园之间，交通方式分水陆两种，出行器具主要有车舆、船只。清漪园时期，皇室御用船只、车舆均为中式传统样式，多为内府制作或臣属进献。颐和园时期，御用器具受到近代科技的影响，出现了新型动力如火轮船、现代汽车等。本节收录 13 张老照片，展现了清末民国时期颐和园内车舆、船只情形，通过不同时期的器具对比，能看到鲜明的时代变迁。

车舆

据清漪园陈设档记载，园内有凉暖车各一辆，存贮于勤政殿北库。其形制和陈设情况为：凉车随黄绸坐褥二件，四面玻璃，车前黄绸盖一件，上缀纸绢花，鞍辔四分，黄布裕套二件，黄布单挖单一件。暖车随黄缎坐褥二件，三面玻璃，车前黄缎套一件，黄布裕套二件，鞍辔四分，黄布裕套二件。这两辆车今已无存。

颐和园时期，帝后的陆上交通工具有肩舆、人力车、汽车等。在本书第五章收录的慈禧太后出行照片中，能看到太后端坐在肩舆中，周边围绕着众多太监，仪驾庞大。人力车又称东洋车，起源于 19 世纪的日本，园内的两辆来自日本赠送，包括篷式人力车和厢式人力车，供不同季节使用。这两辆车车体呈金黄色，车柄处雕刻着龙吐珠造型的龙头，车身外部装饰、内部配饰图案均为皇家象征的龙凤，非常华丽。

颐和园藏有一辆新式汽车，有关进献人、进献时间、汽车品牌，乃至慈禧有没有坐过，众说纷纭，但无可辩驳，这是中国引进最早的汽车之一，也是清宫传承至今仅存的一辆汽车。汽车外形保留着 18 世纪欧洲马车的痕迹，木质车身、木质车轮辐条、实心轮胎，安装三缸引擎，有三个座位，其动力结构和转向结构原理与现代汽车相同。民国时期，该车曾停放在德和园大戏楼供游客参观。本节收录 2 张老照片，展示了现今园内仍保存的人力车和汽车。

船驾

清漪园时期船只按用途不同，分为游船、茶膳船、水操战船三类，这些船只在建园初期多为其他园林调拨和大臣进献，后期改为专门制作。游船是帝后在园内游幸、往来御园之间的重要工具。档案中记录了昆明喜龙、镜中游、芙蓉舰、万荷舟、锦浪飞凫、澄虚、九如意、景龙舟、祥莲艇等船名称。茶膳船是游船的附属服务船只，特为帝后游幸时供给茶水膳食等。水操战船是乾隆帝仿汉武帝在昆明湖操演水军而制作的船只，档案中有大量的战船建造、修理记载，乾隆、嘉庆两帝也曾在园内观阅水操。

光绪时期，颐和园御船为专门定制，根据主人身份量身打造，按照船只类别可分为游船、火轮船（拖带船）两类。游船有光绪帝御坐船水云乡、鸥波舫，慈禧太后御船镜春舻、木兰艭；火轮船有永和、翔云、捧日等，另外还有一艘名为安澜艑的洋船，船外观仿汽艇，但没有机械动力。

水云乡，船身通长六丈四尺，船舱为三卷式屋顶，前出抱厦，船舱主体为木结构，两侧窗户安装玻璃，船尾立四面龙旗，昭示皇帝身份。水云乡平时停泊在颐和园内船坞，乘坐时前面需要火轮船拖带。镜春舻，船身通长六丈五尺，船舱屋顶为卷棚顶、硬山顶，上竖一根五彩凤凰旗杆，前出抱厦，大木结构，船尾立四面凤旗，象征太后身份。该船体量巨大，彩绘装饰华丽，平时停放在园内船坞，供太后游湖或从水路回紫禁城时使用，需要汽艇拖带。木兰艭，船身长五丈七尺，二层，船舱屋顶为平顶、歇山顶，大木结构，船身装饰华丽，但没有旗帜标志，平时停放在西直门倚虹堂船坞，供慈禧水路往来颐和园时乘用。安澜艑洋船，外观为铁壳木顶，船头、船尾各安插一面龙旗，木质匾额为慈禧太后御书。民国时期，管理颐和园事务所对园内各式船只进行清查整修，这四艘船都曾作为游船在昆明湖、长河上拉客运输。

光绪三十一年（1905年），日本赠送慈禧太后机动游艇一只。船身钢制，外车式快游艇，由日本大藏省川崎造船所负责制造。光绪三十三年（1907年），日方人员在园内组装完毕，由慈禧太后赐名"永和"。1914年，颐和园对外开放游览后，永和轮成为游船，可供游客乘坐，每人收费2元。1928年，南京国民政府接收颐和园时，永和轮已不堪用，1931年时永和轮已沉湖底。1939年，华北日伪政权请川崎造船所打捞修理，由圆生厚铁工厂施工，修复后放置石舫以北百米左右、万字河东岸边，船旁筑砖台2个，供人登上观看。永和轮现今只存船壳及烟筒，放置在耕织图景区内。

本节收录9张老照片，展示了帝后御船在清末、民国时期的风貌和不同用途。另外收录2张老照片，展示了清末园内其他船只的情形，与御船相比，这些船只的结构、形制都极为简易，仅在船舱上方搭建凉棚用于遮阳，船身周边也没有精美装饰和陈设。

壹

贰

壹

人力车

民国时期／佚名

两辆人力车是日本赠送慈禧太后的，包括蓬式人力车和厢式人力车，供不同季节使用。车体呈金黄色，两条铜龙盘绕在车柄处，车顶飞檐翘起，车内黄绸缎衬布上用金线绣有各种图案，非常华丽。

贰

汽车

20世纪30年代／希拉·博维尔

颐和园藏新式汽车，车的外形保留着18世纪欧洲马车的痕迹，木质车身、木质车轮辐条、实心轮胎、安装三缸引擎，有三个座位，其动力结构和转向结构原理与现代汽车相同。这是中国引进最早的汽车之一，也是清宫传承至今仅存的一辆汽车。

壹

贰

壹

水云乡御船

1900年 / 佚名

　　水木自亲码头停泊的光绪皇帝木质御船"水云乡"。船身通长六丈四尺，船楼为带抱厦三卷式建筑屋顶，船舱木构架安装大玻璃，下部绘制花纹，船体装饰高贵典雅，船尾曾立有四面龙旗，象征皇帝身份。

贰

水云乡御船

民国时期 / 佚名

　　西堤界湖桥处停泊的光绪皇帝木质御船"水云乡"，光绪时期，该船平日停放在园内船坞中。其左侧停泊的是"永和"号蒸汽机械轮，用来拖带木质御船使用。民国时期，水云乡曾作为游船营业待客。

镜春舻御船

1901 年 / H.C. 怀特

　　慈禧太后御舟镜春舻，船身通长六丈五尺，舱楼为带抱厦两卷式屋顶，其上曾插有一根彩凤旗杆，船尾飘扬四面凤旗，华丽精美，规格极高。光绪二十三年（1898年），慈禧太后63岁寿辰时，曾在船上安拉彩绸。光绪时期，该船平时停放在园内船坞中。

镜春舻御船

民国时期 佚名

　　1930年，时任北平市长的张荫梧批准修整镜春舻、水云乡和卫凤，7月，整修后的御船开始营业待客。1938年，镜春舻沉入西堤附近湖底。

木兰艘御船

1900—1906年 / 山本赞七郎

　　慈禧太后御船"木兰艘"，船长五丈七尺，船舱舱楼为一平顶、一歇山顶，装饰华丽。光绪时期，该船停放在西直门倚虹堂船坞，供慈禧太后从水路往来颐和园时乘用。民国时期，木兰艘被用来在长河上拉客运输。

壹

贰

壹

安澜艒洋船
民国时期 / 普意雅

　　安澜艒洋船外观为铁壳木顶的汽艇形式，但没有机械动力，船头、船尾曾各安插一面龙旗，表明其皇室身份，船上木质匾额为慈禧太后御书。民国时期，安澜艒作为游船使用。

贰

永和轮
1900年 / 佚名

　　光绪三十一年（1905年），日本赠送慈禧太后机动游艇一只。船身钢制，外车式快游艇，由日本大藏省川崎造船所负责制造，光绪三十三年（1908年），日方人员在园内组装完毕，由慈禧太后赐名"永和"。

壹

贰

壹

永和轮
民国时期 / 佚名

    1914年，由清室内务府管理的颐和园对外开放游览后，永和轮成为游船，可供游客乘坐，每人收费2块银圆。1928年，南京国民政府接收颐和园时，永和轮已不堪用，后沉入湖底。1939年，华北日伪政权清川崎造船所打捞修理永和轮，由圆生厚铁工厂施工，修复后放置在万字河东岸边，供人登上观看。

贰

永和轮
20世纪20年代 / 佚名

    停泊在大船坞的永和轮，船体基本完整。湖中荷花芦苇密布，岸边是宿云檐城关。

壹

贰

昆明湖上的船只
清末 / 佚名

　　清末民初，民人在十七孔桥附近的昆明湖上撑船。

昆明湖上的船只
清末 / 佚名

　　停泊在玉澜堂附近湖面的船只。

花木扶疏

第四章

花木扶疏

植物是园林要素的重要组成部分，而且是唯一具有生命力特征的园林要素，能使园林环境呈现出生命的活力，富于四季变化，最能直观地反映出园林的岁月变迁。一座园林里，除厅堂轩榭外，园林植物的生长状况最能反映园林的兴衰。《红楼梦》第二回中，贾雨村描述路过贾府隔墙所见的状况："大门前虽冷落无人，隔着围墙一望，里面厅殿楼阁，也还都峥嵘轩峻，就是后一带花园子里面树木山石，也还都有蓊蔚洇润之气，那里象个衰败之家？"可见"厅殿楼阁"还都"峥嵘轩峻"，"树木山石"还有"蓊蔚洇润之气"，这个家族就还没有完全败落。另一个方面植物品种的选择，直接关系到植物营造的景观。中国园林中将植物赋予一定的寓意，称之为"比德"，更是将植物所营造的意境上升到人格和道德的高度，体现园主人的审美品位和文化素养。颐和园作为清代皇家园林的典型代表，在园林植物的配置、栽种位置、种植方式上颇具匠心，自建成到新中国成立前，历经百余年的时代变迁，园里的植物也随之不断发生变化。本章精选了65张不同时期颐和园的老照片，力求见证不同历史时期颐和园园林植物的变化情况。

清漪园兴建之前，瓮山上的林木并不繁茂，明时人称瓮山是一座"土色纯庐""童童无草木"的秃山。而与瓮山毗连的西湖，则以荷花和堤柳取胜。自建园之初园内便开始了人工种植花木，经过多年的栽植和从外地移植树种，逐步形成了郁郁葱葱的大片针叶树松、柏和由落叶、阔叶乔木树种组成的杂木林。清漪园在植物配置时非常重视景观效果，注意按不同的山水环境大片栽植不同的植物品类，以突出各地段的景观特色，渲染各自的意境。在万寿山上，遍植苍松劲柏，象征"万寿长青"。在中央部位的大报恩延寿寺的庭院及广场，采取规整的行植和对植的方式，营造出庄严肃穆又气势宏伟的景观效果。后山以松树为主，辅以柏树，间植枫、槲、栾、槐、桃、杏等落叶树和花灌木，形成满山松柏成林，林下繁花似锦的浓郁的山林景色。昆明湖的植物配置则以荷柳为主，营造酷似江南的水岸风光。昆明湖西北耕织图一带，桃柳之外更植桑树、芦苇，营造温婉的江南水乡特色。在园内众多的庭院内外，则根据建筑物不同的功能、性质、规模配置不同的植物。在乐寿堂、玉澜堂、宜芸馆等游憩、赏景的场所，则以种植花卉为主，树木为辅，以渲染愉悦闲适的生活情趣。在惠山园、听鹂馆等雅致恬静的小园林、小庭院中，则栽植修竹数杆、梧桐几株，呈现一派清幽景象。

颐和园现存古树1607株，其中一级古树（树龄超过300年为一级古树）97株，皆为清漪园时期遗留古树。光绪时期，慈禧太后在被英法联军焚毁的清漪园废墟上重建颐和园时，沿用了清漪园时期的植物配置方式，对万寿山松柏等进行补植，仍保持山地以松柏为基调，昆明湖以桃柳为主的风格。由于颐和园是慈禧太后长期居住的行宫，颐和园时期的花木配置更注重名贵花木的栽植和庭院花卉的布置。当时，园内各主要庭院布置的花卉多由各处进贡。美国女画家卡尔在《慈禧写照记》中描述当年园中花木情况："颐和园中所植花草极多，草地上每经数步，亦有名花一堆，名花佳卉，无虑千百种，而新陈代谢，四时不断""乐寿堂供列花草极多，香气扑鼻，令人心醉。太后平生酷爱鲜花，凡之寝宫、朝堂、戏厅及大殿等处，名花点缀，常年不绝"。1900年慈禧太后携光绪帝自宫中逃至颐和园，稍息后西逃西安。八国联军相继进占颐和园，在园内盘踞达一年之久，园中陈设为之一空。经过这次打击，颐和园与日薄西山的清王朝一起，逐渐走向衰落。我们从这个时期的照片中可以看到园内植物荒于打理，杂草丛生，一片颓废景象。

至民国时期，颐和园内的植物由于缺乏资金管护不力，花木逐渐凋零，1914年为弥补资金不足，步军统领衙门再与清室内务府商定"于开放游览之中，寓不筹款之意"，售票开放颐和园，从这个时期的老照片中可看出，园内植物的生长状况因无暇顾及，呈现逐年衰败趋势。1924年，末代皇帝溥仪被驱逐出宫。1928年7月1日，内政部颐和园管理事务所向清室办事处经理颐和园事务所接收树木芭草，盆花共有16种454盆。老照片中可见到这些盆花摆放的形式。之后，根据档案记载，也曾对园内花卉进行了多次补道，增加了园内的花木品种，但这个时期的植物栽植大不如从前，虽然也想遵循最初的设计意图，但终究囿于财力不足，只能是有什么便栽什么，导致有些区域的园林植物景观和意境发生变化，或栽植树木成活率不高，如1938年，沿东堤园墙种植毛白杨300株；1940年，日本赠送樱花300株分栽万寿山后山一带，后因气候及管理原因，渐渐枯萎。湖区水生植物疏于管理，在很多区域泛滥成灾，几乎淤塞航道。

第一节　万寿山

　　乾隆十五年（1750年）三月十三，乾隆帝发布谕旨，将瓮山改名为万寿山。曾经是"童童无草木"的瓮山变成了遍植苍松翠柏的万寿山。这个时期的老照片存世不多，清漪园被焚毁后十余年荒废期间，前后有数位摄影师拍摄过万寿山大报恩延寿寺荒芜的景象，万寿山前山留存最多的是长廊沿线的古柏林，后山则因建筑不甚集中，保留下来的古松较多，特别是后溪河两岸，多超过300年树龄的古油松。

　　光绪时期在清漪园废墟上重建颐和园时，基本上沿用了清漪园时期的植物配置方式，对万寿山松柏等进行补植，仍保持以松柏为总基调，四季常青，与金碧辉煌的皇家园林建筑交相辉映，造成浓烈的色彩对比效果，突出皇家园林的富丽恢宏，但此时因财力不足，补植的松柏大多是植株小的幼树。光绪二十九年（1904年），排云殿之东建国花台，"依山之麓，划土为层"，其上满植山东进贡的名种牡丹，花开时"繁英灿烂，洵为美观"。后山沿中御路及后溪河北岸古松林立，间植山枫、槲、栾、槐、桃、杏等落叶乔木和花灌木，形成类似于自然山林的优美景色。荡舟后溪河，两岸古松姿态奇秀，春季桃杏争艳，秋季色叶缤纷，与前山常绿林海景观形成鲜明对比。

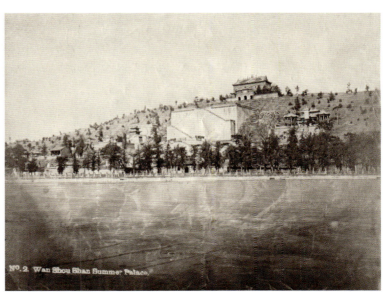

壹

万寿山前山

1875-1885年 / 佚名

　　大报恩延寿寺被焚毁十余年后，万寿山上树木稀疏，宝云阁附件几株古树保存完好。遗址正中台基上的容器内生长一株大树，因光线充足，长得郁郁葱葱。

贰

长廊古柏林

1875年 / 托马斯·理查德

　　照片中可见长廊已被焚毁，两侧的大量古柏幸免于难，在一些古树上今可见到灼伤的痕迹。万寿山山体基本处于裸露的状态，只有少量常绿幼树存活。

壹

壹

无尽意轩

1901 年 / H.C. 怀特

　　照片拍摄于无尽意轩门前，有不规则
水池，池边自然山石驳岸。石隙散植蜀葵，
虽是人工栽植又似天然长成。轩后山上生
长松柏等常绿树，低矮者居多，因此山顶
千峰彩翠城关的视野十分开阔。

贰

万寿山前山西部

1900—1910年 / 菲尔曼·拉贝里

　　自西堤望万寿山，山上树木依旧稀疏，
零星栽植一些常绿树。万寿山西部的画中
游建筑群附近保留有部分高大常绿树，目
前已成为古树。

长廊榆叶梅

民国时期 / 佚名

　　片中可见长廊北侧柏树下地表土裸露，仅铺设一条方砖甬路供游人行走。岸边栽植成排的榆叶梅，并且下层有地被植物，修剪整齐划一，并竖立中文名和拉丁学名的植物牌示。据档案记载：1937年，长廊南侧栽植榆叶梅85株，可见该片应拍摄于之后。

长廊地栽花卉

民国时期／佚名

　　照片中可见长廊南侧古柏下的间隙栽植有宿根花卉，可能是玉簪。玉簪，又称"玉春棒"，叶片青翠，花苞洁白如玉，形状似簪，花香宜人，性耐寒，喜阴，不耐强烈日光照射，是中国古典庭园中重要花卉之一。

国花台

1900年 / 佚名

    这是排云殿东侧国花台较早期的一张照片，可见到呈梯田状的牡丹花台以及周围的矮墙。靠近佛香阁左侧伸出一枝榆树，榆钱刚刚萌发，可证明此片为早春拍摄。围墙东侧栽有油松、桧柏等常绿乔木。地栽牡丹、芍药在清宫时非常兴盛，光绪二十九年（1903年），佛香阁下东侧建国花台，栽种从山东进贡的名种牡丹。国花台坐北朝南，上下共14层，台墙土面，上覆琉璃瓦。1972年改建为13层，台墙土面改作明面砖墙。

景福阁东侧古油松

1944 年 / 佚名

　　景福阁万寿山山顶东部，东侧古油松姿态入画，从色彩上看，深绿色的树冠与朱红色的廊柱搭配协调，从体量上看，高大的乔木与景福阁建筑也非常匹配。古人在栽植树木时，会考虑与建筑保持一定的距离，确保后期树木长大后不与建筑产生接触。

荟亭

民国时期 / 佚名

　　荟亭,又名"双亭",始建于光绪年间,平面作两个相连的六边形,亭亭玉立在万寿山东部的山脊上。亭名出自《诗经·曹风》:"荟兮蔚兮,南山朝隮",意思是站在这里能看到云遮雾罩如仙境般的景色。周围高大乔木很少,视野开阔,是万寿山东部眺望湖山景色的又一佳处。

View from the Summer Palace to the western hills.

湖山真意
民国时期/佚名

　　湖山真意位于画中游北部，始建于乾隆年间，光绪时重修，是一座带有落地罩的敞轩。此轩地处万寿山前山山脊西部端头的地形转折点处，照片中亭西仅有一株高大乔木，其余均为低矮植物，借景视线开阔。向西望去，建筑的梁柱和楣子正好将远处的西山、玉泉山框成一幅绝妙的风景画。

壹

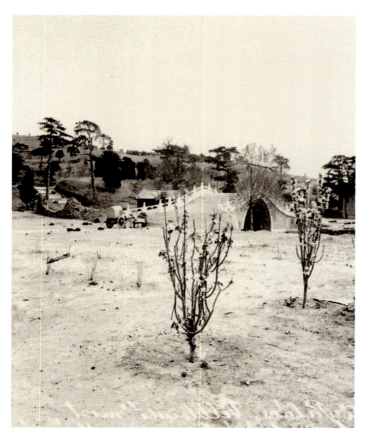

贰

壹

万寿山后山植物

民国时期 / 佚名

　　万寿山后山草木稀疏，花承阁琉璃塔孤立在半山腰，周围的古松古柏，没有杂树干扰，有充足的营养空间，生长健壮。山坡上仅生长少量稀疏杂树和野生草本植物。

贰

半壁桥古树

1901年 / 佚名

　　照片中可见半壁桥以西上山路边两株高大油松，姿态古雅，枝叶略显稀疏。周围零星散植部分柏树，近处两株不大的西府海棠正值花期。

半壁桥古树

民国时期／佚名

照片中可见半壁桥以西上山路边两株
高大油松，姿态古雅，枝繁叶茂。周围明
显比上一张照片增加很多落叶乔木。

宿云檐城关古树

民国时期 / 佚名

　　照片中可见宿云檐城关北侧油松，姿态苍劲枝繁叶茂，体量与城关非常匹配。现在已长成颐和园里最粗的一株古油松，依然生长健壮。照片中树下有低矮植被覆盖地面。

壹

貳

壹

乐农轩前植物

民国时期 / 佚名

　　乐农轩位于万寿山东坡，始建于光绪年间，整组建筑使用石片为瓦，仿民间建筑。据记载，该建筑系1902年慈禧太后因八国联军入侵西逃西安返回北京后，仿民间房屋所建，并将其东面坡地改为菜畦。周围曾遍植白丁香，花繁似雪，民国黄濬《花随人圣庵摭忆》有诗云："乐农轩畔丁香雪，一日须看一万回"。片中可见乐农轩前仍有当年的菜畦，花木并不多，房后偏北方向有些高大乔木，路边一株白丁香正在盛开。

貳

后溪河古树

民国时期 / 佚名

　　苏州街三孔石桥两岸古松林立，深绿色的枝叶与汉白玉石桥形成鲜明的色彩对比。高低错落，树冠平展，姿态宛然入画。

壹

贰

叁

壹

后溪河古树
民国时期 / 佚名

　　苏州街三孔石桥北侧土山上油松配置高低错落，姿态宛若画本，树下并无灌丛，仅有低矮草本覆盖，与周边山野无异。

贰

松堂白皮松
民国时期 / 佚名

　　苏州街三孔石桥南侧，上台阶是一片平地，原有三座牌楼围合成一个小型广场，成行栽植白皮松，照片中可见到白皮松高大挺拔，树下荒草丛生，东侧牌楼仅剩下夹杆石。

叁

眺远斋
民国时期 / 佚名

　　位于后溪河最东端的北岸，岸边栽植有高大柳树，树体略有倾斜。眺远斋西接爬山游廊五间，与三间硬山顶值房相连，值房名为"嘉木树庭"。片中其西侧有一株高大乔木，似为银杏或杨树，现已无存。眺远斋东侧一棵油松于1759年移栽此处，已有200多年树龄。眺远斋北侧无高大树木遮挡视线，慈禧太后驻园时，每年的阴历四月在这里观看墙外途经大有庄的民间香会表演。

第二节 庭院

因乾隆时期清漪园并不作为常住的行宫，关于庭院植物的记载并不详尽，老照片存世也不多，我们仅能从现有遗存的古树、御制诗、楹联匾额及一些文献记载中，略约知晓一些大致情况。如勤政殿院落，设计方正规整，建筑主次分明，植物配置亦遵循规制，排列有序，树种选用松、柏、槐、楸等具有象征意义的树种。

颐和园时期植物配置变化最大的当属庭院植物景观。作为帝后常年居住的园林，园内增添更多牡丹、玉兰、西府海棠、太平花等名贵花木。园内各主要庭院布置的花卉多由各处进贡。乐寿堂院内的两株盆栽翠柏，来源于庆亲王进献给慈禧太后的寿礼，今日乐寿堂院内的两株翠柏是根据此记载恢复。仁寿殿、乐寿堂院内各四株海棠，是光绪中叶从极乐寺移来的枝品苗木，当时就很有名。排云门前两侧当年还各植有一丛名贵的太平花，香气袭人，深为慈禧太后所爱。为满足赏花需要，在东宫门以三的南花园和养花园中设置花卉培育基地，使得南花北开成为可能。而这些温室里培育的花木只能栽植于容器内，摆放于重点院落。至民国时期，仍然能在老照片中能看到各处庭院摆放的盆花。

排云殿

　　排云殿是在清漪园时期的大报恩延寿寺遗址上修建而成，为慈禧太后祈福祝寿的礼仪场所，充满喜庆祥和色彩。

　　排云殿前是用汉白玉栏杆围护着的三面有台阶的宽阔平台。平台以下，采取规整的行植和对植的方式，主要树种有柏树、白皮松、木瓜、海棠，院内金水桥南北有砖雕精美的花池，营造出庄严肃穆又气势宏伟的景观效果。

壹

贰

壹

排云门外

民国时期 / 佚名

　　两名民国女子正准备走进排云门。门外铜狮东西两侧均栽植有太平花，并立有中文、拉丁学名的植物牌示。太平花为北方常见多年生落叶灌木，枝叶茂密，花乳白色，气味芬芳。据载："公元1023年，太平花作为贡品运入宋都汴梁，种植于御花园，宋仁宗赵祯命名为太平圣瑞花"。金兵攻破汴梁后，太平花被劫到北京。1860年英法联军火焚三山五园时，畅春园、圆明园中的太平花全被焚毁，只有长春园中幸存两丛。1886年，慈禧重修颐和园时，将幸存的两丛太平花移植到了排云门前。到了清末，慈禧太后常以太平花赠给王公大臣，北京城里官家私宅才开始有了太平花。

贰

排云殿

民国时期 / 佚名

　　民国女子在排云门内北侧的花台前与盛开的芍药花合影。据档案记载：1929年开始对园内花卉进行补植，在仁寿殿北花台、排云殿花台补植芍药16株。花台北侧汉白玉栏杆和台阶两侧栽植柏树，生长健壮。

Summer Palace, near Peking.

壹

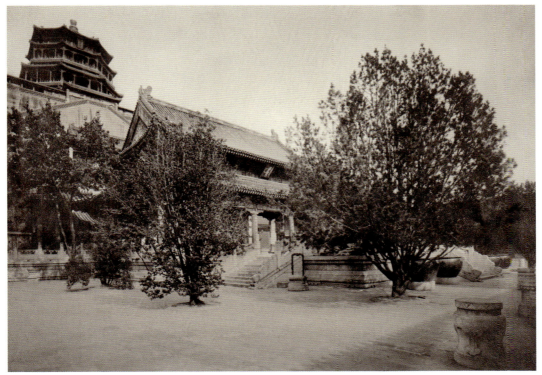

贰

壹

排云殿

民国时期／佚名

　　回望排云门，水池北侧的花台上，芍药花期已过，南侧对称列植柏树还很低矮。

贰

排云殿

民国时期／佚名

　　排云殿前月台两侧已栽植有白皮松和木瓜海棠，树冠圆润，生长健壮。

乐寿堂

乾隆时期在乐寿堂一带成片种植玉兰，花开时被称为"玉香海"，在乐寿堂西院现仍遗存一株白玉兰，瓣型圆润，姿态秀雅。颐和园时期，乐寿堂为慈禧太后居住的庭园，园内栽植玉兰、西府海棠、牡丹等名贵花木，寓意"玉堂富贵"。院内的两株盆栽翠柏，来源于庆亲王进献给慈禧太后的寿礼，今日乐寿堂院内的两株翠柏是根据此记载恢复的景观。

乐寿堂

民国时期／佚名

乐寿堂南侧，青芝岫爬满藤本植物爬山虎，玉兰正在盛开，因缺乏修剪，枝条过密，造成树冠南侧花量较少，为六角形雕花树池。青芝岫东西侧花台内各栽植翠柏一株，民国期间的游记中多次提到，形容其"干低枝密，青翠欲滴"。今日乐寿堂院内的两株翠柏是根据记载恢复的景观。

壹

贰

壹

乐寿堂

民国时期 / 佚名

　　乐寿堂前栽植有龙爪槐和西府海棠，花台内栽植牡丹（也可能是芍药）。

贰

乐寿堂

民国时期 / 佚名

　　乐寿堂前西侧一株西府海棠正在盛开，枝条非常茂密。院外西北侧有落叶乔木，尚未展叶。

壹

贰

叁

壹

乐寿堂庭院花木

民国时期 / 佚名

　　能看到民国期间乐寿堂庭院花木栽植的整体情况，玉兰与西府海棠相间栽植在六角形雕花树池内。东配殿以东可见古典松树冠的顶端。

壹

乐寿堂后院

民国时期 / 佚名

　　乐寿堂后院玉兰正在盛开，花冠层的高度正适宜行人观赏，无论是在庭院还是在屋内都可以很方便地欣赏。同样是六角形雕花树池。庭院栽植落叶观花树种，春可赏花，夏宜庇荫，秋观黄叶，冬季叶落利于室内采光。院东侧游廊有角门与李莲英居住的永寿斋相通，片中最右侧的古槐即生长于永寿斋院内。

叁

颐和园玉兰

民国时期 / 佚名

　　摄影师难得拍摄了一张玉兰花特写，可以很清晰地看清楚玉兰的花形呈现圆润的玉碗状，与现在邀月门东南侧的古玉兰花型一致。

扬仁风院门外

20世纪20年代／迪尔登·J·福尔摩斯

　　扬仁风月洞门外两侧栽植紫藤，设有木质简易花架。甬路东侧南北对称栽植两株玉兰，其中南侧的一株现今依旧生长健壮，为颐和园内唯一一株古玉兰。片中可见玉兰树的根基部位进行堆土防寒，并栽植有一墩牡丹。玉兰和牡丹搭配栽植的方式在中国皇家园林中比较常见，二者均为彰显皇家气韵的名贵花木。

仁寿殿

　　清漪园时期为勤政殿，颐和园时期成为慈禧太后临朝听政的场所。这个充满政治色彩的宫殿区，植物配置非常有讲究。花木排列有序，选用具有象征意义的名贵品种，殿前栽植象征帝王的油松，两侧对植象征三公九卿的国槐和楸树，充分体现出皇家园林的威仪雍容。仁寿殿南北两侧分别堆砌牡丹花台，栽植象征富贵的牡丹。这种植物配置方式一致延续到颐和园时期。民国时期又补栽龙爪槐、西府海棠，使得庭院植物愈发繁茂，略显拥挤。

仁寿殿北侧牡丹花台
民国时期 / 佚名

　　仁寿殿北侧，可以看到花台几乎成为一座土丘。仅滋生一些小杂木，没有牡丹。可证明这是较为早期的照片。

仁寿殿北侧牡丹花台
民国时期／佚名

　　仁寿殿北侧，可以看到牡丹花台布局整齐。时值冬日，每株牡丹都用稻草进行防寒保护，看起来十分干净整洁。档案记载，1929年，铜龙、铜凤、铜鹤，铜鹿等14件加铁丝网罩。片中铜龙铜凤均已加铁丝网罩，可证明此片拍摄于1929年以后。由此也可以证明，有限的管护经费被用于重要区域。

仁寿殿

民国时期 / 佚名

　　仁寿殿前出现两块绿地，草坪边缘以金盏菊围边，当中栽植鸡冠花、美人蕉等花卉，高矮搭配，初具现代模纹花坛的样式，当中栽植有西府海棠，但生长不佳。片中还可看到延年井北侧的古槐以及寿星石东侧的油松枝叶浓绿，生长健壮。

（北京）萬壽頤和山園內之仁壽殿

壹

贰

壹

仁寿殿

民国时期 / 佚名

　　仁寿殿前已栽植有龙爪槐和西府海棠，树池为六角形条石。

贰

仁寿殿

民国时期 / 佚名

　　仁寿北殿西侧的两株高大楸树，以及寿星石附近的古油松均生长健壮。

宜芸馆后（一）

民国时期／佚名

　　宜芸馆后新栽植两株龙爪槐，非常细弱。穿过罩门可见油松除南侧枝条外，下部北侧还有一个枝条，残株掩映佛香阁，更添几分古意。南侧油松则树形完整，生长健壮。

宜芸馆后（二）
民国时期 / 佚名

　　宜芸馆后已栽植有龙爪槐，比前一张照片长大不少，疏于修剪，虽枝叶茂密，但略显凌乱，并设立植物牌示。穿过罩门可见北侧的古油松仅剩南侧枝条。由此可见这张照片的拍摄时间比上一张略晚。

谐趣园

谐趣园位于万寿山后山东北麓，始建于乾隆十六年（1751年），原名惠山园，是仿江苏无锡惠山脚下的寄畅园而建的。嘉庆十六年（1811年）改建此园后更名谐趣园，慈禧太后驻园时，经常至此钓鱼游乐。园中湖面点缀荷花、睡莲，呈现鱼戏莲叶间的景色，沿湖栽植垂柳、油松、山桃等季相分明的花木。背风向阳的角落里中栽植修竹数丛，藤萝几株，别是一番清幽景象。北侧假山石上保留大量原生的大果榆，斑斑驳驳投影在石板路上，被称之为"寻诗径"。外围栽植大量参天古松作为背景，营造古意盎然的中国古典园林景现。

壹

贰

壹

自涵远堂向南望

民国时期 / 佚名

　　片中可见外围参天古油松林立，古意盎然的画面。

贰

自玉琴峡向南望

民国时期 / 佚名

　　片中除可见外围古油松外，还可见到湖岸点缀的柳树。

谐趣园澄爽斋

民国时期／佚名

　　澄爽斋在清漪园时名澹碧斋，光绪重建时易今名。建筑坐西朝东，面阔三间。澄爽斋南至宫门敞厅用九间游廊连接。照片中可见此组建筑背后高低参差栽植姿态各异的油松，与色彩华美的游廊亭榭形成完美画面，而湖中水生植物淤塞，略显荒芜景象。

谐趣园玉琴峡

民国时期／佚名

　　玉琴峡位于谐趣园西北角，后溪河的河水向南经玉琴峡流向谐趣园，峡谷山石林立，曲折错落，水声激响，如玉琴鸣奏。山石上镌刻着慈禧太后御题之"玉琴峡""松风""萝月""仙岛""堆云积翠""川流不息"等字。片中可见山涧流水潺潺，紫藤盘绕，花开繁茂。

第三节　昆明湖

　　清漪园，顾名思义是以水取胜的园林，水生植物在景观营造中起到至关重要的作用。昆明湖的荷花种植历史悠久，元明时期的西湖（昆明湖旧称）曾享有"莲红坠雨"的美名，被称誉为西湖十景之一。清漪园时期湖区景致延续了乾隆皇帝效仿江南景色的思想，栽植荷、苇、蒲、菱等水生植物，营造岸芷汀兰、红荷青蒲的水乡特色景观。尤其是在西堤以西的区域，呈现"六桥西畔藕花多"的景观。

　　至颐和园时期，昆明湖的荷花景观仍旧非常繁盛，在众多老照片中可以看出，当时荷花等水生植物的分布面积远比现在大很多。昆明北岸自知春岛向西一直到石丈亭，南至十七孔桥均有荷花分布。但水生植物并不是越多越好，在一些区域过分繁盛的水生植物覆盖满了整个水面，不仅从视觉上缺少亭台楼榭倒影的空间，而且堵塞了游船泛舟湖上的航道，水生植物的管护水平也体现了园林管理者的审美。

壹

贰

壹

昆明湖

民国时期/佚名

　　照片中荷叶几乎铺满半个昆明湖湖面，呈现"接天莲叶无穷碧"的夏季景观。

贰

昆明湖

民国时期/德贞

　　昆明湖西堤东侧湖面荷花点缀堤岸水面倒影亭台楼榭，天光云影，景色宜人。

壹

贰

壹

自知春岛望万寿山
1902年 / 阿方斯·穆莫·冯·施瓦茨恩斯坦茨

　　知春岛岸边生长稀疏的芦苇，从这个角度望过去，昆明湖水波荡漾，水生植物并没有泛滥淤塞。

贰

自知春岛望万寿山
1902年 / 阿方斯·穆莫·冯·施瓦茨恩斯坦茨

　　石舫附近水面浮水植物泛滥，几乎看不到水面。

十七孔桥荷花

民国时期／佚名

十七孔桥附近的荷花也非常繁盛。

昆明湖荷花

民国时期 / 佚名

照片中沿长廊岸边遍植荷花，柔化了笔直呆板的湖岸。

昆明湖荷花

民国时期／佚名

　　水木自亲码头附近湖面盛开的荷花。
盛夏的颐和园以荷花取胜，自元代便有
"莲红坠雨"之美誉。

壹

贰

壹

鱼藻轩荷花

民国时期／佚名

　　鱼藻轩是位于长廊西部南侧的临水建筑，四面开敞，建筑廊柱及楣子形成一个个不同角度的画框，将附近湖面点缀的荷花，与远处的西堤、玉泉山，皆纳入框中，呈现一幅幅山水平远的连续画卷。

贰

玉带桥水生植物

民国时期／佚名

　　玉带桥附近湖面芦苇、香蒲等水生植物密布，水道狭窄，仅有小船可以通行。

葫芦河荷花

民国时期 / 佚名

　　葫芦河长廊东端北侧，照片中可见湖中长满荷花。葫芦河不仅起到丰富水景的作用，而且具有很重要的水利功能。雨水自万寿山山体汇集而下，在流入昆明湖前，先在葫芦河进行过滤，葫芦河与大湖相通。雨水携带的泥沙便被阻滞在葫芦河内，从而减少了昆明湖泥沙淤积。

第四节　堤岸

昆明湖堤岸的植物配置一直以旱柳为主，烟柳春佳，最是入画。堤岸植柳，不仅仅是造景需要，最重要的功能是护堤。旱柳，又称立柳、直柳。根系发达，耐寒性强，喜水湿，也可植于河边、湖畔、水旁，具有护岸、固土、防浪等多种生态功能。另外，在西堤沿岸柳树之间还间植桃树，红桃绿柳相映成趣，呈现"千重云树绿方吐，一带红霞桃欲燃"的景色。柳间植桃，是效仿西湖苏堤的景色。乾隆的御制诗《万寿山即事》中有"背山面水地，明湖仿浙西，琳琅三竺宇，花柳六桥堤。"这样的美景时常出现在乾隆御制诗中："出绿柳阴知岸远，入红莲路荡舟轻。""花将放蕊明思雨，柳已舒条暗蘸烟。"。昆明湖西北耕织图一带，桃柳之外，堤岸更植桑树、芦苇，以突出这里江南水村的田园风貌。

壹

贰

贰

东堤柳树

民国时期 / 佚名

　　片中廓如亭以北的东堤岸边，柳树刚刚栽植不久，不过拇指粗细。据档案记载，铜牛于1930年加铁丝网罩。此图中铜牛尚未加铁丝网罩，可证是1930年以前已经在东堤岸边开村池栽植柳树。

壹

东堤

民国时期 / 佚名

　　片中廓如亭以北的东堤岸边，并无柳树栽植。昆明湖水波宁静，铜牛孤卧在岸边，与廓如亭、十七孔桥遥相呼应，整个画面干净整洁。

东堤墙边杨树

民国时期 / 佚名

　　东堤大墙边的杨树刚刚栽植不久，幼苗纤细。铜牛南侧柳树则已经超过20厘米。据档案记载，1938年颐和园东堤墙内栽植白杨树，可见此片为之后拍摄。

东堤柳树
1946年 / 佚名

　　至新中国成立前，目测东堤铜牛南侧
柳树径围已达20—30厘米。

山全及亭春知之内园和颐

文昌阁北古柏林

民国时期／佚名

　　文昌阁北至玉澜堂码头之间的堤岸上，自然式栽植一片古柏林，这片林子时至今日依然生长健壮。

西堤柳树

民国时期/佚名

　　从鱼藻轩望西堤豳风桥以及堤上的旱柳，株株分明，正值壮年。

壹

贰

壹

玉带桥

民国时期 / 佚名

　　从另一个角度欣赏，玉带桥附近自然式驳岸，岸边芦苇刚刚长出，岸上旱柳护堤，盛夏时节枝叶繁茂，倒影如画。

贰

玉带桥附近湖岸

民国时期 / 佚名

　　照片中岸边柳树正值壮年，姿态自然秀逸，远处堤上柳树下还栽植有低矮灌木，层次分明。

西堤

民国时期 / 佚名

　　照片中可看到西堤南段景观，疏疏朗朗几株山桃和立柳，两座形态不同的草亭点缀其间，远处自西向东可见柳桥、南大墙和绣漪桥。

西堤桃柳

民国时期 / 佚名

幽风桥以北，凌东侧栽植立柳，植株高大，堤西侧栽植山桃，喜阳光充足。

俯视昆明湖

民国时期／佚名

　　照片中可见天是柳树排列整齐，生长健壮，树冠丰满，已然成景，与西堤的柳树一起形成一条几乎完整的堤岸风景线。

廓如亭南湖边柳树

民国时期／佚名

　　湖边自然式驳岸，岸上柳树粗细不一，均值壮年。

人物春秋

第五章

人物春秋

人物肖像是摄影艺术的主要表现对象，摄影术刚传入中国时就首先应用于外交场合中的人物摄影，最早接触摄影术的是清廷的涉外官员。据史料记载，第一次鸦片战争后，两广总督兼五口通商大臣耆英在与外国使节交往时，出于外交礼节，留下了他称为"小照"的照片，耆英也因此成为第一位留下影像资料的朝廷官员。随着广州、上海等通商口岸的开辟，吸引了大批形形色色的外国冒险家，他们带来了相机，这些沿海地区职业摄影师和摄影图片的出现，引起国人浓厚的兴趣。肖像摄影给中国人民的生活增添了一项新的内容，开创了中国摄影萌芽时期的最初局面。

英法联军发动第二次鸦片战争，清军节节败退，1860年，联军长驱直入攻占天津、北京，咸丰帝逃往承德避难，委派恭亲王奕䜣留京与洋人周旋。在缔结条约期间，随军摄影师费利斯·比托为奕䜣拍摄了照片，恭亲王起初对着相机面色死灰，惊恐万分，经众人解释，才逐渐放松，这是清朝王公留下的最早影像，奕䜣的态度也从侧面反映了当时封建保守的官宦上层对摄影的看法。战争期间，外国摄影师在中国的活动十分活跃，北方地区的人民第一次接触到摄影，外国摄影师所到之处，无不引起当地人们的注意。

有记载称，在中英《北京条约》的签字仪式上，外国摄影师拍照时曾吸引上万群众围观。

第二次鸦片战争后，西方列强加快了对中国政治、经济、文化、社会等方面渗透的步伐，更多的外国摄影师来到中国，使国人对摄影的接触和了解进一步加深。此外，随着洋务运动的兴起，摄影术被作为西方先进的近代科学技术引进，国内陆续编印出版了有关摄影的专业书籍，逐渐打破了封建保守思想对国人的束缚，推动了摄影术的传播与发展。中国本土孕育出一批专业摄影师和摄影爱好者，摄影和开设照相馆已不再是外国人的专利。至十九世纪末，中国大部分城市都已经有了照相馆，这些照相馆主要拍摄人物肖像照，照相被认为是一种时尚。

与民间的摄影热不同，摄影术进入清朝宫廷的道路并非一帆风顺。虽然当时的一些王公大臣如恭亲王奕䜣、醇亲王奕譞、李鸿章、张之洞等人已经较早地接受了摄影术，摄影也成为重大活动的见证纪念以及官场应酬的重要礼仪。庚子事变后，清廷对西方国家的重视程度大为增加，慈禧太后亲自在颐和园接见外国驻华使节和眷属，以求交好"与国"。在与西方国家的深入交往中，慈禧认为摄影术冒犯龙颜、有失体统的观念开始转变，摄影术得以在宫廷内流传开来。这些宫廷摄影作品以慈禧太后为中心，真实记录了当时的宫廷生活和园林景观，是非常珍贵的影像资料。

民国时期，得益于社会风气开化，近代旅游业的蓬勃发展，更多的社会阶层能入园参观游览，他们在游玩赏景的同时也留下了大量的照片以兹纪念。这些游客的身份各不相同，既有权贵富绅，也有普通市民，既有官员学者，也有职员学生，除国人外，还有很多外国人。1928年8月，成立管理颐和园事务所开启公园管理模式，事务所下设部门根据业务职能设置，工作人员包括职员、雇员、公役人员三类，还有临时性雇工。随着各种新业务的出现，内部机构不断增加，工作人员数目也由最初的几十人增至上百人。

本章收录56张老照片，以历史时期为分界线，分为清末余晖、民国旧影两节，通过照片中人物的服饰、神态、场景等细节展现皇家园林时期和公共园林时期曾经在园内生活、工作、参观等不同身份人物的风貌。

第一节　清末余晖

　　禁苑深深，皇室在御园内的起居生活、游赏筵宴情形一直不为外界所知，直到摄影术进入宫廷，世人才得以借助这些老照片一窥究竟。除了皇室成员，园内还有大量为皇室服务的侍从仆役，他们虽然身份低微，却承担着护卫、伺候生活起居，维持园林正常运转的任务。庚子国变时，八国联军在园内盘踞一年多，在此期间留下了大量的影像资料。清末，颐和园有限度接纳外国人瞻仰，园内开始出现外国人的身影。本节收录 36 张老照片，根据人物身份的不同分为慈禧太后、侍从仆役、八国联军以及外国人士 4 个小专题。这些老照片展现了不同阶层身份人物的服饰衣着、神态形貌、人物关系以及拍摄场景情况，折射出百年前社会的人物百态。

慈禧太后

　　清宫摄影起始于光绪二十九年（1903 年），慈禧太后特召曾在西方研习过摄影术的勋龄作为御用摄影师进宫。勋龄于 1905 年出宫，两年中他为慈禧太后拍摄了至少 12 个场景不少于 50 张照片，并冲洗了 700 余张，这些照片流传甚广。据《宫中档簿·圣容账》载：慈禧太后照片有 30 种，共计 786 张，拍摄地点大多在颐和园和西苑。在颐和园拍摄的照片根据照片内容可分三类：单人像，生活像，外事像，其中单人像多在乐寿堂前或殿内拍摄；生活像为自园内各处起驾和游园时拍摄；外事像为与外国驻华使节女眷合影等。

　　本节收录 10 张慈禧太后老照片，包括 5 张单人像、2 张生活像、3 张与宫眷、外国使节女眷合影。这些照片摄影时间集中在慈禧七旬寿辰之前，系特为其寿辰时悬于宫中或赏赐他人之用。5 张单人像均为室内布景照，照片格局大体相同，人物服饰、姿势、布景略有变化；2 张生活像展示了慈禧太后在园内出游的仪仗、陪同的宫眷、侍从以及周围环境；3 张合影中不同国籍、身份和等级人物的服饰、神态各不相同。这些留存下来的珍贵影像，让今人得以窥见这座皇家御园的庄严辉煌和昔日皇室的赫赫威仪。

侍从仆役

　　颐和园老照片中出现人物的时间要远远早于宫廷人物摄影，早在 19 世纪 70 年代外国摄影师拍摄的被毁后的清漪园照片中就出现了长衫长辫的中国人。从照片整体布局及周边环境来看，他们并不是照片的主角，这些人物的身份今已不可考，据猜测应为外国摄影师雇佣的服务人员或生活在周边的贫苦居民，抑或是园户，他们出现在照片中的原因大多是作为摄影师拍摄建筑或大场景的比例参照物。

　　太监是中国封建社会制度的产物，作为皇宫最底层的服务人员，在早期的宫廷摄影中他们大多作为帝后的陪衬出现。1901—1912 年，有关园内太监、仆役、侍从等群体的照片大量出现，他们开始成为照片的主角。本节收录 14 张老照片，其中 5 张照片选自法国摄影师菲尔曼·拉里贝的摄影集，照片中既有他们在园内生活、休闲的景象，也有他们接送外国官员、护卫门区的工作场景，这些照片真实展现了这些皇家服务人员的生活状态和精神面貌。

八国联军

八国联军统帅瓦德西进入北京城后，下令准许军队抢掠，颐和园再次遭到大肆劫掠。1900 年 8 月 15 日，沙俄军队首先占领颐和园，随后英军、意大利军和日本军队也相继进驻。联军在园内盘踞长达一年之久，大量精美贵重的陈设文物再次被洗劫，建筑景观也遭到极大的破坏，经过这次打击，颐和园与日薄西山的清王朝一起，逐渐走向衰落。

两宫西狩期间，北京城一片混乱，连以前戒备森严的皇宫、园囿、庙宇等区域都不再对外国人设防，外国摄影师获得了再一次近距离拍摄的机会，他们留下了大量内容更多样、视角更全面的北京城影像资料。重修后的颐和园成为外国摄影师拍摄的重点，除随军摄影师、新闻记者、商业摄影外，联军官兵、外交人员、传教士等也加入了摄影的队伍。本节收录 6 张老照片，展现了联军在昆明湖乘船、园内各处景观合影等景象，真实记录了联军在园内的情况。其中 2 张照片选自日本摄影师小川一真的《清国北京皇城写真帖》，这是一部关于清末北京皇城宫殿及皇家园林的摄影图片集。

外国人士

庚子事变后，颐和园成为清政府积极开展外交活动的舞台，除了在园中进行正式的外事活动如外国使臣觐见、新任公使上任、递国书外，作为拉拢西方国家的政治手段，颐和园开始有限度地向外国人士开放，各色外国人等，均可通过各国使馆，直接与清朝外务部交涉，联系瞻仰事宜。

清宫档案中有很多外国人士请求参观的记载，如光绪二十八年（1902 年）五月十四日，美国驻华公使康格致函外务部署理左侍郎那桐，"本国委提督定于下礼拜一，即中历十八日起程回船，是以觐见时期必须定于礼拜六抑或礼拜日，又于明日尚欲至万寿山瞻仰，可否前往，即希贵大臣请示庆王爷，或给何据或派人同往，务希于本日见复，以便早为预备。"口气甚是强硬。而外务部对于外国人士参观可谓是有求必应，许多国家甚至提出了"派员来馆引导""请发凭文"的要求。此外，还有外国公使在颐和园商谈公事。宣统继位后，不再于颐和园接触外国使臣，随着外国人士参观日多，清政府暂定每月逢五准往颐和园，并望先期知照前往名单。这一时期外国人士参观已无须导引，为了规范起见，外务部特别颁发了"门照"，无照者不得入内。

本节收录 6 张老照片，展现了外国人士在太监带领下瞻仰；在宫门处乘车；在园内游览；与清朝官员会谈等场景，记录了清末外国人在园内的活动情况。

大清国当今慈禧端佑康颐昭豫庄诚寿恭钦献崇照圣母皇太后

慈禧太后立像

1903年 / 勋龄

　　1903—1905年，勋龄作为御用摄影师进宫为慈禧太后拍摄了大量照片，流传甚广。这张照片在颐和园内拍摄，类似场景的照片还有不少，只人物服饰、姿势有所变化。

慈禧太后對鏡簪花像

1903年 / 勛齡

慈禧太后站姿像，左手持鏡，右手做簪花狀。

大清國當今慈禧端佑康頤昭豫莊誠壽恭欽獻崇熙聖母皇太后

慈禧太后坐像

1903年 / 勋龄

慈禧太后在颐和园内坐姿像。

慈禧太后坐像

1903年 / 勋龄

慈禧太后在颐和园内坐姿像。

慈禧太后坐像

1903年 / 勋龄

慈禧太后在颐和园内坐姿像。

壹

贰

壹

慈禧太后乘肩舆像

1903年 / 勋龄

　　慈禧太后乘坐肩舆，身边围绕数名太
监。左前为太监崔玉贵，右为太监李莲英。

贰

慈禧太后等在乐寿堂前合影

1903年6月 / 勋龄

　　农历六月吉日，慈禧与嫔妃、宫眷、
太监等合影，地上伏着她的爱犬。前为总
管太监崔玉贵（左）、李莲英（右）。

壹

贰

壹

慈禧太后等在排云门前合影

1903 年 6 月 / 勋龄

　　人物左起：光绪皇后、俊寿、德龄、慈禧太后、崔玉贵、四格格（庆亲王的女儿）、元大奶奶（慈禧的侄媳妇）、莉莉（德龄的侄女）、路易莎·皮尔森（裕庚夫人）、容龄。

贰

慈禧太后在乐寿堂前与外国公使夫人合影

1903 年 10 月 28 日 / 勋龄

　　1902 年两宫回銮后，慈禧太后经常在颐和园开展外事活动，接见、宴请外国使节及家眷，以联络邦交。照片中慈禧太后重阳节在乐寿堂接待美国驻中国公使埃德温·赫德·康格的夫人（右二）。

慈禧太后与宫眷合影

1903年 / 勋龄

　　人物左起：瑾妃、德龄、慈禧、容龄、
裕庚夫人、光绪皇后。

壹

贰

壹

绣漪桥人物像

19世纪60年代 / 约翰·德贞

　　绣漪桥位于昆明湖南端与长河的交汇处，始建于乾隆年间，是东堤与西堤的分界点。照片中桥头东端处坐有一名男子，桥拱上似还有一人的身影。桥周围杂草漫阶，桥头设置有简易木栅栏，透过桥拱隐隐能看到景明楼的身影。

贰

石舫人物像

1875年 / 托马斯·查尔德

　　石舫上原建有中国传统式样的木构舱楼，1860年被完全焚毁，只剩石质底座。照片中可见基座上站有一名手持长杆的男子。岸边的寄澜堂、石丈亭建筑尚存。

铜牛人物像

1878年 / 托马斯·查尔德

　　铜牛陈设在昆明湖东堤,十七孔桥的东端,1860年的劫难导致其尾巴断裂。照片中可见铜牛台基处坐有一名男子,附近岸边站有一人,远处能看到玉泉山上的玉泉塔。

壹

贰

叁

壹

南湖岛人物合影

1902年 / 詹姆斯·利卡尔顿

　　照片采用当时国际上最先进的立体相机拍摄，它利用双眼的视觉差，重现三维空间的景物。照片中南湖岛汉白玉石栏杆上坐者一名男子，湖边的叠石上站有一名男子。此二人为摄影师雇佣，用于搬运摄影器材。

贰

铜牛码头人物群像

1902—1905年 / 佚名

　　庚子事变后，颐和园成为清政府积极开展外交活动的舞台，园内开始频繁出现外国人的身影。照片中可见铜牛码头处多名中国人和一名外国人，还能看到"延旭"牌楼。

叁

东宫门外人物像

1900—1910年 / 菲尔曼·拉里贝

　　本节收录了5张法国人菲尔曼·拉里贝拍摄的颐和园人物照片，这些人的身份疑为园内的太监、仆役、侍卫等。照片中东宫门外铜狮处站有一名扛枪的兵丁，广场上设置了木栅栏。

壹

贰

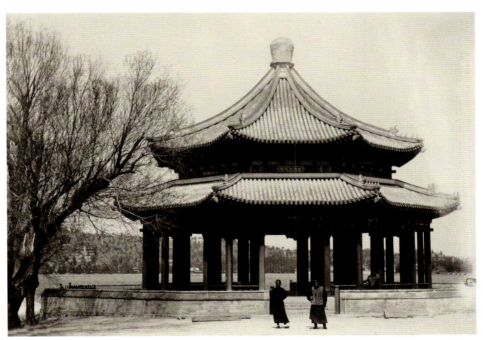

壹

小有天亭人物合影

1900—1910年 / 菲尔曼·拉里贝

　　小有天亭位于万寿山西麓，始建于乾隆年间，光绪时重修。亭坐东朝西，圆形攒尖顶，亭下悬挂匾额楹联。照片中亭外坐着两名喝茶的男子。

贰

廓如亭人物群像

1900—1910年 / 菲尔曼·拉里贝

　　廓如亭位于十七孔桥东端，平面呈八方形，俗名八方亭，是颐和园内最大的一座亭子。照片中亭子内外或站或坐四名男子。

壹

贰

壹

十七孔桥人物群像

1900—1910年 / 菲尔曼·拉里贝

十七孔桥南侧昆明湖中五名划船的男子和东堤两名男子。

贰

玉带桥人物群像

1900—1910年 / 菲尔曼·拉里贝

玉带桥码头站有一名撑伞的男子，湖中船上有六名中国人和一名外国人。

壹

排云殿二宫门人物群像
1912年／阿尔伯特·卡恩

　　排云殿二宫门前的拖辫男人们，可能是管园太监。

贰

石舫人物群像
1912年／阿尔伯特·卡恩

　　石舫上的洋人和留着长辫的中国人。晚清民国时期，石舫中设置的茶座极为有名。

写秋轩人物群像

清末 / 佚名

　　写秋轩位于万寿山东侧的半山腰处，东西两侧分别是寻云亭和观生意，其上方是重翠亭，再往上则是千峰彩翠城关。照片中写秋轩前的小路和假山石处站有几名男子。

玉带桥人物群像

清末 / 佚名

　　玉带桥下湖中撑船的男子，桥上、桥下
也站有人。通过桥拱能看到远处的南湖岛。

壹

贰

壹

八国联军在昆明湖上乘船

1900—1901年 / 佚名

　　1900年八国联军入侵北京，英、意等国军队在国内盘踞长达一年之久。照片展示了八国联军在昆明湖乘船的景象。

贰

长廊中的八国联军

1900年 / 詹姆斯·利卡尔顿

　　1900年前后，美国摄影师詹姆斯·利卡尔顿用立体相机拍摄了庚子事变中的中国，这些照片由美国安德伍德公司出版，名为《立体照片中的中国》。照片中长廊坐有几名八国联军士兵。

壹

排云门前的八国联军

1900－1901年／佚名

　　照片使用立体相机拍摄，照片中排云门前东侧的铜狮处站有几名八国联军士兵。

貳

四大部洲处的俄国士兵

1900—1901年／佚名

　　1900年8月15日，沙俄军队首先占领颐和园，英军和意大利军队也相继进驻。园内陈设文物遭到洗劫。照片为俄国士兵在四大部洲残垣断壁下合影。

壹

贰

壹

长廊中的联军士兵

1901年 / 小川一真

　　1901年，日本摄影师小川一真到北京考察。拍摄了大量照片，其中有关紫禁城、颐和园、中南海等处皇家建筑的部分收录在摄影集《清国北京皇城写真帖》中，照片中葫芦河附近的长廊中坐有几名联军士兵。

贰

排云门内联军士兵

1901年 / 小川一真

　　排云门内西侧石桥附近有一名联军士兵。照片中可见佛香阁及南山门游廊、德晖殿等处门窗缺失，破损严重。

壹

石舫人物群像
清末 / 佚名

　　清末，颐和园成为外国公使觐见、瞻仰及与清朝王公大臣商谈要事的场所。照片中石舫二层船舱里中外官员、随从汇聚一堂，桌子左侧坐者为那桐。

贰

乐寿堂人物群像
清末 / 佚名

　　庚子事变后，作为拉拢西方国家的政治手段，颐和园开始有限度地向外国人士开放。照片中一群外国人在太监的带领下，在乐寿堂庭院参观。

壹

贰

石舫人物群像

1900—1910年／菲尔曼·拉里贝

　　石舫及寄澜堂中站立数名中外男子，
附近的湖面上停有几艘木船。

銅牛旁人物像
1900—1910年 / 菲爾曼·拉里貝
銅牛旁站立的外國男子。

The Frenchman.

涵虚牌楼人物群像
1909 年 5 月 4 日 / 佚名

涵虚牌楼下的道路中央停有一辆双驾马车，车夫为三名中国男子，车上坐有几名外国男女，马车左侧有几名外国男子，牌楼周围还有一些中国民众。

名園舊影

人物春秋

清末余暉

涵虛牌楼人物群像（近景）
1909年5月4日／佚名

264
/265

Entrance Gate to Summer Palace - Peking - May 4th '39.

第二节 民国旧影

经历了清末新思潮的洗礼，摄影业在全国各地蓬勃发展，一大批照相馆如雨后春笋般出现，北京照相行业飞跃发展，开始形成一个比较强大的行业。颐和园对外开放后，为满足游客摄影留念的需求，园内也出现了专门为游客提供照相服务的照相馆，如德福照相馆、美容摄影社、绿野摄影社等。同时，世界摄影工业取得了重大发展和突破，相机外形趋于小巧，更易携带，为广大的业余摄影者提供了便利条件。多种因素的集合促进了颐和园人物摄影的发展，这些照片有单人照，也有多人合影，多拍摄于园内的主要景观处，具有极强的时代特征。本节收录 20 张民国时期颐和园人物照片，根据他们的身份分为国内人士、外国人士、日本军队、职员工役四个小专题进行介绍。

国内人士

1913 年 4 月 24 日，清室步军统领衙门制定了《瞻仰颐和园简章》，也就是颐和园首次开放参观办法，简章除严格规定了参观审批程序、参观时间、出入园验证外，只允许"政、党、军、学界"人员参观，可谓是面对特定人群有限度的开放。1914 年，北洋政府为筹措皇室经费，提出了《颐和园等处售券试办章程》，颐和园正式对外售票，开放程度进一步扩大。1928 年 7 月，颐和园被南京国民政府接收后作为国家公园开放，继续推行售票开放的政策，票券种类繁多，包括门票、陈列馆票、游船票、冰船、钓鱼、坐轿等，还有各种优待票券。

民国时期，事务所将园内大量房屋出租供人居住，房屋分为甲、乙、丙三等，为管理租户还特别制定了严格的《房间租赁之手续》《租户须知》等。这些借用或租用园内房屋居住的多为当世知名人士，如袁世凯长子袁克定、著名国画家张大千、溥心畬等，他们足不出户就能欣赏园林的四时风景。

本节收录了 8 张民国时期在园内参观、居住的人物照片，有些人物身份尚无法考证，照片中他们或坐、或站、或摆出各种姿势，留下了纪念。

外国人士

源于特定的历史条件和社会背景，外国人士进入颐和园参观的时间要早于国人，同时受限于高昂的票价及摄影技术尚未普及，在民国初年留下的影像资料中，外国人士的游览照片要更多。甚至在北平沦陷期间，相对于国人来说，外国人士的参观也并未受到太大限制。本节收录了 5 张外国人士游园照片，照片的拍摄时间分别为 1917 年、1937 年和 20 世纪 30 年代。

日本军队

在 1937—1945 年的 8 年时间内，颐和园曾长期处于日伪政权的控制之下，事务所对日军、日本机构、学校以及日本人游园有特殊优待，除免票或给予优惠票券外，还经常指派通日语的人员接待。此外，对日本陆军宪兵学校、特务机关等在颐和园内开展实务演习、舟艇操法演习等也给予优待。本节收录了 2 张日军在园内的合影。

职员工役

1928 年 8 月，颐和园归北平特别市政府管辖后，成立了管理颐和园事务所负责园林的管理与保护，虽然时势变迁，但是事务所作为直接管理颐和园的一级机构一直存在到建国前夕。本节收录了 2 张民国末年、新中国成立初年的管理颐和园事务所职员在仁寿殿、排云门外的合影。

昆明湖水面占全园总面积约四分之三之多，民国时期，为满足游客乘船游览的需求，事务所对园内现存各种御船进行清查整修，同时新建、添置艇只，相应地出现了很多船工。本节收录了 1 张船工在石舫码头休息的照片；另外收录了 2 张园工在水木自亲码头、半壁桥附近水面划船的照片。

壹

贰

壹

仁寿殿前的男子

20世纪10年代 / 约翰·詹布鲁恩

　　长袍装束的男青年抚摸着仁寿殿前的
铜龙，可以看到龙脊上的盖子尚未缺失。

贰

学生合影

民国时期 / 佚名

　　一群小学生在仁寿殿院落寿星石处留影。

壹

贰

壹

谐趣园人物留影

民国时期／佚名

　　三名男子在谐趣园涵远堂外留影。照片由园内的德福照相馆拍摄。

贰

排云门人物合影

民国时期／佚名

　　两名女子在排云门前的铜狮处留景。照片由园内的美容摄影社拍摄。

游客留影

民国时期 / 佚名

三名男子在长廊秋水亭留影纪念。

壹

贰

壹

游客摄影纪念

1940年 / 佚名

　　农历正月，三名男子在排云殿二宫门前的金水桥上合影留念。

贰

游客留影

1940年 / 佚名

　　农历正月，四名男子在知春岛合影留念。

游览万寿山登山纪念

1941 年 4 月 14 日 / 佚名

　　五名身着长衫的游客在佛香阁西侧撷
秀亭下假山石上留影。

壹

贰

乐寿堂游客合影

1917年4月8日 / 佚名

乐寿堂庭院青芝岫前的中外游客合影。

云辉玉宇牌楼游客合影

1937年 / 佚名

两名外国男子在云辉玉宇牌楼下合影。

排云门前的游客
1937年 / 佚名

　　一名头戴礼帽，身着西装的男游客在
排云门前与铜狮合影。

壹

贰

壹

排云殿人物合影

20世纪30年代 / 佚名

　　两美国水兵和一名中国向导在排云殿西侧月台下的铜缸处留影。照片上方英文为：U.S. Sailors&Guide,PEKING。

贰

仁寿殿铜龙处的人物像

20世纪30年代 / 佚名

　　一名美国水兵在仁寿殿前北侧铜龙处留影，铜龙的右前足下垫有砖石。照片左下角用英文为：Sailor from "huron" in Peking。

壹

贰

壹

云辉玉宇牌楼下的日本兵

1939年 / 佚名

　　日伪政权控制下的颐和园，日军、特务机关等多次在园内开展实操演习、训练。照片中日本兵在云辉玉宇牌楼下集合。

贰

日军知春岛留影

民国时期 / 佚名

　　1937—1945年，颐和园基本处于开放状态，在日伪政权的控制下，对日军以及日本的学校、机构等实行特殊优待政策。

壹

贰

壹

排云门职员合影

1943 年 12 月 31 日 / 佚名

管理颐和园事务所同僚在排云门前合影。

贰

仁寿殿职员合影

民国时期 / 佚名

管理颐和园事务所同僚在仁寿殿前月台合影。

昆明湖上的船工

民国时期 / 佚名

石舫码头处的几名船工。

壹

贰

壹

昆明湖上的园工

1925 年 / 佚名

　　两名园工在水木自亲码头附近的昆明
湖上划船。

贰

后溪河上的园工

1925 年 / 佚名

　　四名园工在半壁桥附近的后溪河上划船。